리더다움

글라이더

리더다운 품격, 진정성

윤정구 교수
이화여자대학교 경영대학 인사/조직/전략

원고를 받아보고 한달음에 끝까지 읽었다. 그만큼 내용이 현실에서 매일 만나는 상사와 후배 사이의 갈등과 이 갈등을 현명하게 해결하기 위한 보석 같은 조언들이 담겼다. 이권재 이사와의 인연은 JW 그룹의 창업자 故 이기석 사장의 진성 리더십을 연구하는 과제를 통해서다. 학회나 공공 세미나를 통해 기회가 있을 때마다 알려지지 않은 진성 리더를 추천해 주면 직접 검증해 보고 진성 리더로 판명되면 학술논문이나 진성 리더십 교재 속에 소개하고 있었다. 실제로 자신이 몸담은 회사의 창업자를 진성 리더로 자신 있게 추천하는 경우는 거의 없다. 이기석 사장의 리더십에 대해 2년간의 검증 과정이 있었고 그 사례는 〈리더십 연구(2019년 Vol 10(1))〉

에 실렸다. 이기석 사장의 일화는 유한양행 유일한 박사에 버금가는 진성 리더로 소개되고 있다. 이권재 이사는 리더다운 리더를 의미하는 진성 리더십에 관해 누구보다 깊은 소양과 철학을 가진 임원이다.

이번에 저술한 《리더다움》이란 28년간의 회사 생활을 마무리하며 리더다운 리더로 태어나는 과정을 스멀스멀 찾아오는 꼰대 스타일의 극복 과정으로 규정하고 있다. 꼰대는 자신이 세상을 읽고 해석하는 머릿속 지도인 정신모형이 자신에게 주어진 데이터에 비해 과대적합화(Overfitting)된 상태를 뜻한다. 편협한 데이터로 정신모형이 과대적합화되면 정신모형은 자신에 맞는 데이터만을 표집하며 확증편향을 키운다. 일반적 세상과 괴리된 정신모형을 가지고 있음에도 그 정신모형을 고집하며 주변 사람들에게 자신의 정신모형을 강요하는 현상을 의미한다. 꼰대가 자신의 편협한 정신모형을 강요할 때는 권력이나 직책을 무기로 삼아서 강요하는 경향이 있어서 주로 연배가 있는 사람이 꼰대로 등극할 확률이 높다. 하지만 요즈음은 늙은 꼰대 못지않게 젊은 MZ 세대도 과대적합화된 자신의 정신모형을 다른 사람에게 강요하는 과정에서 젊은 꼰대라는 칭호를 얻기도 한다. 조직에서 소통에 문제가 생기고 심각하게는 갈등으로 번지고 편견과 차별이 난무하는 이유는 우리가 어느 정도는 자신의 과대적합화된 정신모형이 옳다는 믿음을 가지고 자신의 정신모형을 은연중 타인에게 강요하기 때문이다.

　리더다움을 실현하기 위해 이권재 이사는 MZ와 X세대가 자신의 정신모형이 틀렸을 수도 있음을 인정하고 상대의 정신모형을 통해 배우는 교학상장을 강조한다. 젊거나 늙거나 꼰대 소리를 듣지 않는 리더다운 리더는 겸손과 배려로 죽을 때까지 학습하는 사람이다. 또한 이들은 자신의 성공을 개인의 노력뿐만 아니라 여러 사람과 환경의 도움 덕분이라고 인식하는 경향이 강하다. 이들은 상대에 대한 신뢰와 존중을 바탕으로 한 사회적 자본을 축적하는 네트워크 구축에 공을 들인다. 이들은 다른 사람을 대할 때 감사의 마음을 갖고, 관계에서 신중하게 배려하는 태도를 취한다. 꼰대에서 벗어난 리더다운 리더는 자아 성찰과 감정조절 능력이 탁월하다. 상황을 객관적으로 바라보고 자신을 통제하는 법을 터득하고 있다. 특히 자신이 경험한 어려움과 과거의 도전을 통해 약자의 아픔을 이해하는 도구로 사용한다. 리더다운 리더는 성품 자체가 매력적이어서 주변에 팔로워가 많고, 나이가 들어도 외롭지 않다. 리더다운 리더는 한마디로 모든 상황에서 겸손하게 배우며 자신의 정신모형을 다른 사람의 정신모형에 맞춰서 울림을 유지하게 만드는 사람들이다.

책은 자신의 정신모형에 대한 암묵적 믿음을 가지고 정신모형의 감옥에 갇혀 살고 있는 것을 모르는 리더들이 반드시 읽어야 할 책이다. 성과를 위해 리더십에 대해 오랫동안 고민하는 것을 넘어서서 퇴임 후에도 후배들이 식사를 초대하기 위해 자발적으로 연락을 해오는 선배로 기억되기 위한 현명한 조언과 관련된 풍부한 이론들이 담겨 있다.

리더가 된다는 것

회사라는 곳에 첫 출근을 하며 가졌던 꿈은 이 조직에서 반드시 리더가 되겠다는 것이었다. 2천5백 명 정도가 근무하는 중견 그룹사의 리더는 그 조직의 임원이란 생각이었다. 조직에서 임원이 되는 것, 리더가 되는 것은 적어도 중요한 의사결정을 할 수 있는 지위, 크든 작든 조직을 움직일 수 있는 권한이 있을 것 같았기 때문이다.

그렇게 22년이 걸렸다. 아마 그 시절 대부분 샐러리맨의 희망은 임원이 되어 의사결정의 정점에서 활약하는 것이었다. 그러나 나보다 앞서있던 정점의 리더들은 그야말로 고집불통 고지식의 끝판왕이었고, 뒤에서 따라오는 후배는 밀레니얼 날라리처럼 느껴졌다. 교육학을 공부하며 나를 포함한 많은 고위 관리자의 사고와 행동을 관찰했다. 그 결과 리더에게는 꼰대라는 철저한 자기고집형 캐릭터가 존재함을 알았다. 그래서 팔로워들은 쉽게 리더와 꼰대로 그들을 가르고 규정했는데, 시간의 경험이 쌓이며 그 판단의 기준은 리더의 품격인 '리더다움'이 결정함을 깨달았다.

'리더'는 긍정적인 의미로, 지혜와 경험을 바탕으로 팀을 이끌고, 목표를 달성하도록 도와주는 사람을 의미하지만, 때론 전통적이고 경직된 사고방식을 고수하며, 타인의 의견을 무시하거나 강요해 꼰대로 불리기도 한다. 그래서 리더라도 말, 행동, 사고방식이 새로운 세대인 팔로워의 생각과 행동에 불일치하면, 그 의도와 상관없이 꼰대로 치부되는 경우가 많다. 사실 좀 더 내면으로 들어가면 리더에게는 꼰대로 불리는 그림자가 늘 함께한다는 생각을 지울 수 없었다.

리더의 반대가 꼰대인가?

과연 리더의 반대가 꼰대일까? 여러 면에서 이분법적 사고는 조직 내 오류와 심각한 갈등의 원인이 되며, 조직의 협업과 성과를 저해한다. 오랜 경험과 풍부한 지식을 바탕으로 팀을 이끄는 팀장이 '리더'로서 존경받기보다 '꼰대'라는 꼬리표가 붙는 순간, 그들의 진정한 의도와 노력은 종종 왜곡되거나 무시된다. 이는 조직 내에서의 신뢰를 떨어뜨리고 그들이 전수하고자 하는 지식과 경험이 다음 세대로 전달되지 않는 결과를 초래한다. 또 새로운 사고방식과 가치관을 지닌 젊은 팀원들은 기존의 경험과 관행에 익숙하지 않으며, 이들이 맞닥뜨리는 과거의 경험과 습관으로 무장된 팀장을 그저 이해할 수 없는 '꼰대'로 보기 쉽다. 이러한 상황에서 세대 간의 갈등이 자주 발생하며, 이는 조직의 전반적인 성과와 문화에 악영향을 미치게 된다.

리더에게 리더다움이란 품격

세대 간 갈등은 단순한 의견차이나 일시적인 불만에서 기인하는 것이 아니라, 각 세대가 가지고 있는 고유한 가치관, 사고방식, 그리고 경험에서 비롯된다. 이러한 갈등의 본질을 살피고, 리더다움의 진정한 의미를 탐구하여, 세대 간 소통의 가교를 놓기 위해 이 글을 쓰게 되었다.

28년간 JW그룹의 홍보와 교육 부서에서 일했고, 이후 강의 현장에서 많은 리더들과 팀원들이 겪었던 갈등과 오해의 불통을 접했다. 소통이 단절된 똥고집 팀장과 불만을 표출하는 팀원들, 명령을 무조건 따르라는 군부형 지시 하달의 달인, 과거와 다름을 인정해 달라며 무례하거나 이기적인 막무가내형 팀원, 그리고 상 꼰대 고지식의 끝판왕으로 불리는 관리자들. 이러한 다양한 사례들을 통해, 세대 간 갈등이 단순한 개인의 문제를 넘어, 조직 전체의 문제로 확산될 수 있음을 알았다. 리더에게는 새로운 시대에 맞는 리더다움이 필요해 보였다. 급변하고, 불확실하고, 복잡하고, 모호한 VUCA(Volatility, Uncertainty, Complexity, Ambiguity) 시대를 이끄는 리더는 신세대 팔로워에게 존경받는 새로운 리더십 품격을 갖추어야 하기 때문이다.

이 글을 거의 완성하는 시점인 2024년 12월, 대한민국은 격변의 소용돌이에 빠졌다. 느닷없이 발표한 대통령의 비상계엄은 그를 리더로 생각했던 많은 국민을 혼란스럽게 만들었고, 동의할 수 없는 결정에 분노하게 했다. 그 동기가 어떻든 간에 리더의 결정은 그렇게 아귀가 잘 못 맞추어질 수도 있다. 그러나 그것이 잘못임을 알았을 때는 인정하고 수습해야 하는 것 또한 리더의 몫이다. 그런데 고집불통, 안하무인의 아이콘이 된 그 꼰대는 이미 끝난 게임에서 난장을 치고 있었다. 만약 기업조직의 수장이 그런 모습을 보인다면 그 기업은 이미 역사 속으로 사라졌을 것이다.

이 책은 조직에서 경험한 세대별 특성을 바탕으로 현장의 내용을 구성해 이론을 접목했다. 특히 각 장마다 이론적 설명 후에 다양한 사례들을 수필 형식으로 기술하여 독자가 쉽게 집중하도록 했다. 펜을 놓는 마지막 순간까지 리더가 어떻게 해야 하는지 연일 터지는 뉴스를 보며, 수정을 가했지만 큰 줄기는 변하지 않았다. 그 이유는 단순히 세대 간 갈등을 진단하는 데 그치지 않고, 모든 세대가 서로를 이해하고 존중할 수 있는 새로운 길을 찾는 데 그 목적을 두었기 때문이다.

특히, 이미 조직 내에서 중간 관리자로 성장하여 리더와 꼰대 사이를 오가는 이들이 소통 역량을 향상하고, 더 효과적인 리더십을 발휘하는 데 도움이 되기를 바라는 마음이 가장 크다. 또한 세대 간의 차이를 이해하고, 더욱 강력한 협업과 성과를 낼 수 있는 방안을 모색하는 데 조금이나마 도움이 되기를 기대한다.

책을 내기까지 그간 많은 조언을 주셨던 교수님, 동료 강사, 그리고 사례가 되어준 친구, 직장 선후배 모두에게 감사의 마음을 전한다.

차례

6장 리더의 리더다움

조직의 세 세대 | 지도 없이 길을 찾는 리더
갈등 해결사를 자처하는 중간 관리자 | 도전과 실험의 아이콘 MZ
갈등과 협력의 장에서 살아가기

리더 그룹의 안정 중심 리더십, 중간 관리자의 조정 능력, MZ세대의 창의적 혁신 정신은 상호 보완적이다. 세대 간 차이를 인정하고, 소통과 협력을 강화하는 문화를 만들어 나가는 것이 중요하다.

〈한 지붕 세 가족〉이란 TV 드라마가 있었다. 세 가족이지만 마치 한 가족처럼 단란한 한 집 생활을 하는 장수 드라마였다. 아마 그 드라마를 어린 시절에 보았던 사람들은 지금쯤 한 조직에서 일하는 주력 세대 중 고위직 리더 그룹을 형성하고 있을 것이다. 그 드라마가 종영된 1994년 즈음, 그들이 사회에 첫발을 내딛고 각자 직장이라는 곳에서 조직 생활을 시작했다. 그러나 몇 년 지나지 않은 1997년 11월, 모든 방송사의 TV 뉴스는 IMF라는 생소한 이니셜을 쏟아내며, 그들을 불안하게 했다. 그 이니셜이 무엇을 뜻하는지도 몰랐고 그저 위기라고 하는 말을 멍하니 보고 들으며, 조금씩 천천히 체감했다. 그때 IMF 외환위기는 한국 경제에 큰 변화를 불러왔다. GDP 성장률은 -5.8%로 급락했으며, 실업률은 7%까지 상승했고 구제 금융을 지원하는 조건으로 금융 개혁, 기업 구조조정, 노동시장 개혁을 요구했다. 얼마 지나지 않아 TV 화면에는 눈물을 흘리며 정든 직장과 이별을 고하는 장면과 사업의 부도 등으로 연일 상상하지 못했던 사건 사고의 뉴스가 헤드라인을 장식했다.[1]

IMF는 직장 생활을 30년 정도 한 이 시대의 리더들에게는 아주 날카롭게 각인되어 있는 기억이다. 그 엄청난 경제위기가 극복되는가 했더니 10여 년이 지나면서 다시 미국발 금융위기가 또 한차례 기업의 생존을 위협했다. 이러한 위기와 생존의 아젠다는 끊임없이 변화를 요구하며 다가왔다. 그 상황을 오롯이 경험한 이 시대 리더들과 디지털 문명 속에 개인의 행복을 추구하며 성장한 신세대 그리고 그 사이에서 가교역할을 해야 하는 중간 관리자들은 각각 모호한 관계를 형성하며 아슬아슬한 갈등을 반복하고 있다.[2]

한 조직에는 보통 4~5세대가 공존하기 마련이다. 그런데 최근 기업조직에서 역동성을 보이는 세대는 크게 세 세대로 볼 수 있다. 여러 차례 경제위기를 겪으며 성장한 본부장 이상 임원이 되어 있는 X세대 리더 집단, 중간 관리자로서 가교역할을 하는 마지막 X세대와 밀레니얼 세대의 팀장, 그리고 새롭게 급부상한 역시 끝물의 밀레니얼 세대와 Z세대가 갈등 속에서 협업하며 조직의 주연을 맡고 있다.

1
조직의 세 세대

기업조직 내에서 세대 구분은 시간의 흐름에 따라 사회적, 경제적 변화에 의해 형성된 고유의 가치관과 행동 양식을 중심으로 나뉜다. 과거 10년 전만 해도 한 조직에는 보통 4~5세대가 공존했으나 현재는 주력 세대인 리더 그룹, 중간 관리자, 그리고 MZ세대를 중심으로 조직이 재편되고 있음을 확인할 수 있다.

리더 그룹(1960~1970년대 출생)

IMF 외환위기와 2008년 글로벌 금융위기 등 국가적 경제위기를 직접 경험하며 안정성과 생존이 중요한 시대를 살아왔다. 그들은 보수적이고 안정성을 중시하며, 조직에 대한 충성심과 희생의 가치를 중요하게 생각하며 위계질서에 익숙하다. 특히 성과 중심적이며, 수치화된 결과와 실적을 우선시한다. 이에 개인보다는 조직의 성공과 생존을 중시하는 전체주의적 가치관을 가지며 변화에 다소 느리게 적응하지만, 위기 상황에서는 뛰어난 결단력을 보

인다.[3]

중간 관리자(1980년대 출생, X세대 말기~초기 밀레니얼)

2000년대 초반의 빠른 경제 성장과 인터넷 붐, 욜로(YOLO, You Only Live Once) 트랜드를 경험하며 가치관이 다양화되었다. 균형과 유연성을 중요하게 여기며, 개인의 삶과 일의 균형(Work-Life Balance)을 추구한다. 그러면서도 세대 간 가교 역할을 자처하며 리더와 MZ세대의 소통을 돕는 데 탁월한 능력을 보인다. 디지털 환경에 익숙하지만, 아날로그적 감수성도 함께 갖추고 있다. 그들은 과거의 성과 중심적 가치와 MZ세대의 개인적 행복 추구 간에서 균형을 이루려 노력하는데 특히 팀과 조직 내의 협업과 소통을 중시하며, 위계보다는 수평적 관계를 선호한다.[4]

MZ세대(1990년대~2000년대 초반 출생, 밀레니얼+Z세대)

디지털 네이티브로 태어나 스마트폰, SNS, 글로벌화된 환경 속에서 성장했다. 개인의 선택과 자유, 다양성을 존중받는 문화에서 형성된 세대로 도전적이고 창의적이며 새로운 시도와 실험을 두려워하지 않는다. 일의 목적과 개인적 성취를 중시하며, 조직보다는 개인의 가치를 우선시해 종종 갈등 상황을 만들기도 한다. 특히 빠르게 변화하는 기술과 트렌드에 민감하며, 혁신을 주도하는 세대이다. 이 세대는 가치 소비와 윤리적 행동을 중시하며, 조직의 ESG(환경, 사회, 지배구조) 경영에 높은 관심을 보이며, 수평적 조직문화를 선호하고 자율성을 보장받고 싶어 한다. 특히 일 자체의 의미를 중시하며, 단순히 생계가 아닌 자기실현을 목적으로 일한다.[5]

리더 그룹은 조직 우선주의를, MZ세대는 개인의 가치를 우선시하는 경향이 있어 충돌 가능성이 높다. 소통방식에서도 리더 그룹과 중간 관리자는 상대적으로 전통적이고 형식적인 소통을 선호하지만, MZ세대는 빠르고 간결하며 디지털 기반의 소통을 선호한다. 삶을 대하는 태도 측면에서도 중간 관리자와 MZ세대는 일과 삶의 균형을 리더 그룹은 일을 삶의 중심으로 여기는 경향이 강하다. 이러한 가치관이 세대별로 얽히며 충돌을 일으키고 기업환경의 빠른 변화의 대응과 의사결정 사이에서 자연스러운 갈등을 양산한다.

2
지도 없이 길을 찾는 리더

리더 그룹은 IMF 외환위기와 2008년 글로벌 금융위기라는 두 차례의 경제적 폭풍을 온몸으로 겪으며 생존을 위해 치열하게 싸운 세대다. 이들에게 '안정'은 단순한 바람이나 선택지가 아닌 반드시 지켜야 할 핵심 가치다. 그들에게 안정은 경제적 의미뿐만 아니라 조직과 개인의 생존을 위한 기반으로 자리 잡았다.

리더 그룹은 경험을 통해 위기 극복의 원리를 체득해 왔으며, 그들의 리더십은 조직의 목표와 이를 위한 성과 중심으로 뚜렷한 방향성을 가진다. 이러한 리더십의 중심에는 책임과 헌신이라는 가치가 자리 잡고 있다. 개인의 성공보다는 조직 전체의 성공을 추구하며, 자신의 경험을 바탕으로 후배 세대를 이끌기 위해 노력한다. 예를 들어, 새로운 사업이 위험 요소를 내포하고 있더라도 철저한 위기관리와 검증을 통해 안정적 실행을 추구한다.

매슬로우의 욕구 단계 이론[6]으로 보면, 리더 그룹은 생리적 욕구와 안전 욕구를 이미 충족했으며, 자아실현 욕구 단계에 진입한 상태다. 그러나 이들의 자아실현은 개인적 성취에 머무르지 않고 조직의 안정과 성장이라는 큰 틀 안에서 이루어지기를 바란다. 이는 조직의 비전과 목표를 자신과 동일시하는 사고방식에서 비롯된다. 특히 후배 세대가 조직의 가치를 내재화할 수 있도록 다양한 경험을 제공하는데, 실질적인 성과를 내는 업무를 통해 조직의 비전을 체험하도록 하거나, 명확한 목표 설정과 평가 시스템을 통해 후배들이 성과 중심의 사고방식을 체득하게 한다. 하지만 이러한 리더십이 때때로 강요로 비춰지며 젊은 세대와의 갈등을 초래한다. MZ세대는 개인의 가치와 자유를 중시하는 경향이 강하기 때문에 리더 그룹의 안정 중심적 리더십을 답답하거나 제한적으로 느낄 수 있다.

리더 그룹이 해결해야 할 과제는 변화하는 환경 속에서 자신의 리더십 스타일을 점검하고, 후배 세대의 사고방식을 수용하며 새로운 접근법을 모색하는 것이다. 즉 권위적인 명령 대신 코칭과 소통을 통해 후배와 협력하는 방식을 채택할 필요가 있다.

3
갈등 해결사를 자처하는 중간 관리자

중간 관리자, 즉 팀장 세대는 조직의 허리 역할을 맡고 있으며, 리더 그룹과 MZ세대 사이의 가교 역할을 수행한다. 이들 중 몇몇은 과거 욜로족(YOLO)으로 불리며 '현재의 행복'을 중시했던 세대로 대표되기도 한다. '인생 한 번뿐'이라는 가치관 아래 자신의 삶을 추구했던 이들이 이제는 조직 내 책임을 맡아 전통과 혁신 사이에서 균형을 잡아야 하는 위치에 서게 되었다.

이들은 리더 그룹의 비판적 시선 속에서 성장했고, 경제적 불확실성과 지속 가능성의 중요성을 깨닫는 과정에서 조직 내 자신의 역할을 재정의했다. 그 결과, 중간 관리자들은 리더의 경험적 학습 방식과 MZ세대의 자율성과 창의성을 조화시키는 중요한 역할을 맡게 되었고, 이는 자발적이기보다는 환경적응의 측면이 강하다.

중간 관리자들은 리더 그룹의 요구를 따르면서도 MZ세대 구성원들이 스스로 결정하고 책임질 수 있는 자율성을 부여하려 한다. 이 과정에서 갈등은 불가피하다. 리더 그룹이 전통적 방식과 규율을 강조하는 반면, MZ세대는 자유롭고 유연한 환경을 원하기 때문이다. 팀장은 이러한 상충하는 요구를 조정하며 양쪽의 신뢰를 얻어야 하는 어려운 과제를 안고 있다.

중간 관리자들은 대체로 팀장 직책자가 많고 팀 내에서 가장 중시하는 것은 팀원들의 성취감이라 생각한다. 그들은 팀원들이 성취감을 통해 조직에 소속감을 느끼고 업무의 의미를 찾도록 돕는다. 예를 들어, 새로운 프로젝트를 진행할 때 팀원들이 주도적으로 참여하도록 격려하거나, 구체적인 피드백을 통해 업무의 결과가 개인의 성장으로 이어지는 경험을 제공한다.

중간 관리자의 또 다른 역할은 조직 내 갈등 관리다. MZ세대가 리더 그룹의 지시 방식에 불만을 표했을 때, 이를 중재하며 양측이 서로의 입장을 이해하도록 돕는 조정자로서의 역할을 수행한다. 이는 조직의 목표와 개인의 목표를 균형 있게 맞추는 데 있어 중간 관리자들이 매우 어려운 균형추 역할을 하고 있음을 보여준다.[7]

4
도전과 실험의 아이콘 MZ

MZ세대는 조직에서 막내 세대이면서 핵심을 구성하는 세대가 되었다. 대기업의 세대별 직원분포도를 그려보면 MZ세대가 가장 큰 비중을 차지하고 있다. 이들은 디지털 환경에서 자라나면서 변화와 혁신을 두려워하지 않고, 다양한 경험을 통해 배우는 방식을 선호한다. 특히 이론적으로 배우기보다는 실질적인 경험을 통해 배움을 얻고, 자기주도적 성장을 추구하는 경향이 강하다. MZ세대는 새로운 기술이나 시스템 도입에 거부감이 없으며, 이를 적극적으로 실험하고 결과를 도출해 내는 데 능숙하다. 그러나 도전과 실험을 즐기는 이들도 나이가 들어감에 따라 조직의 안정성과 개인의 가치 사이에서 갈등을 겪는 것은 피할 수 없다.

MZ세대가 과거와 다른 두드러지는 특징은 자신의 신념과 가치가 조직의 방향과 충돌할 때 강한 불만을 표출하며, 이에 대해 타협하기를 꺼린다는 점이다. 그동안 선배들이 마음에 묻고 속으로 삭히던 문제를 수면 위로 표출하는데 두려움이나 거리낌이 없다. 업무에서도 전통적이고 경직된 조직 구조를 거부하며, 재택근무나 유연근무제와 같은 창의적이고 유연한 환경을 선호한다. 간혹 MZ들을 참을성이 없다고 판단하지만, 그들은 단기적 성공에만 머무르지 않고, 장기적으로 자신의 성장과 성취감을 추구함은 과거 기성세대보다 높게 평가된다.

즉 MZ세대는 조직 내에서 도전적인 태도를 유지하며, 새로운 방법론과 기술을 통해 업무를 혁신하려 한다. 프로젝트 진행 과정에서 기존 방식을 개선하거나, 데이터 분석과 같은 디지털 도구를 활용해 성과를 극대화하려는 노력을 기울인다.

따라서 조직은 MZ세대의 이러한 특징을 이해하고, 그들의 열정과 독립성을 존중하는 동시에 조직의 장기적 목표와 연결할 수 있도록 지원해야 한다. 이를 위해 조직은 MZ세대 구성원들이 중요한 의사결정 과정에 참여할 기회를 제공하고, 그들의 목소리를 반영해 변화와 혁신을 추구할 수 있는 환경을 조성해야 한다.[8]

5
갈등과 협력의 장에서 살아가기

리더 그룹, 중간 관리자, MZ세대는 각기 다른 가치관과 행동 양식을 가지고 있지만, 조직은 이들 세대를 조화롭게 활용해야 지속 가능성을 확보할 수 있다. 리더 그룹의 안정 중심 리더십, 중간 관리자의 조정 능력, MZ세대의 창의적 혁신 정신은 상호 보완적이다. 세대 간 차이를 인정하고, 소통과 협력을 강화하는 문화를 만들어 나가는 것이 중요하다. 조직 내에서 세 세대가 공존하면서 갈등은 피할 수 없는 문제다. 리더 그룹은 MZ세대의 자유분방함을 불안하게 느끼며, 조직의 안정성을 위해 조화를 강조한다. 중간 관리자는 양쪽 세대의 중간에서 균형을 맞추려 노력하지만, 다수의 경우에서 갈등의 중심에 서기도 한다. MZ세대는 자신의 가치를 중심으로 움직이기 때문에 윗세대와의 소통에서 충돌이 생긴다. 그럼에도 불구하고, 이 세 세대는 협업을 통해 더 나은 조직문화를 만들어가고 있다. 리더는 후배 세대의 자율성을 존중하고, 중간 관리자는 연결의 역할을 충실히 수행하며, MZ세대는 조직의 목표와 자신의 가치를 연결 짓는 노력을 지속하고 있음은 매우 긍정적이다.[9]

YOLO족은 다 어디 간 거야?

IMF 사태가 터진 지 20년이 지나면서, 종종 "욜로(YOLO, You Only Live Once)"라는 말이 들리기 시작했다. '한 번뿐인 인생을 즐기자'라는 말은 구호와 같았고, 이와 함께 새로운 소비 계층, 이른바 '욜로족'이 등장한 것이다. 이들의 등장은 마케터들에게 새로운 시장을 선사했다. 욜로족들은 마치 지구 멸망의 날을 앞둔 사람들처럼 지금, 이 순간을 즐겨야 한다는 주장에 목소리를 높이고 있었으니 그럴 만도 했다. 나는 입사 2년 만에 IMF의 여파를 겪은 가장 나이 든 X세대다. '눈물의 비디오'를 보며 가슴이 먹먹해졌고, 직장을 떠나는 선배들의 뒷모습을 보면서 앞으로의 직장 생활이 험난할 것이라고 직감했었다. 그래서 욜로는 나에게는 받아들여지지 않는 매우 낯선 개념이었고 동의하기 어려운 유행이었다.

우리 팀의 주임은 입사한 지 삼 년이 지났다. 그는 중학교 때부터 유학을 다녀와서인지, 꽤 알뜰하게 생활하는 습관이 있었고 그 모습이 기특하기까지 했다. 보통 남자들이 첫 직장을 가지고 일 년 정도가 지나면 대출이니 마이너스통장이니 하면서 빚이 얼마라고 무용담처럼 늘어놓기 마련인데, 이 친구는 달랐다. 어느 날, 그는 자랑스럽게 말했다. "저는 저축을 2천만 원이나 했어요."라고. 그런데 그의 다음 말이 나를 깜짝 놀라게 했다.

"전 BMW5 시리즈 밑으로는 안 살 거예요."

정말 욜로족을 눈앞에서 보는 순간이었다.

"팀장님, 과거에는 근면과 검소함이 중요한 가치였을지 몰라도, 지금은 멋진 인생을 살고 문명을 즐기는 것이 중요한 가치가 되었잖아요."

그의 말을 받아들이지는 못했으나 부정하지는 않았다. 인터넷에서는 "욜로 욜로 하다가 골로 간다"는 욜로족 남편을 둔 아내들의 한탄이 들끓었지만, 욜로 열풍을 막기에는 역부족이었다. 스마트폰 액정이 깨질 때마다 불평을 하면서도, 여전히 아이폰을 고집하는 그들의 가치관을 조금은 공감했다. 그러나 그 팀원이 강남, 서초처럼 월세가 비싸고, 시설도 좋지 않은 곳에 고집스럽게 머무르려 하는 모습을 보며, 생각이 달라졌다. 그들이 생각하는 강남 프리미엄, 수입차의 '하차감'이 그들에게는 모든 가치에 앞서고 있음에 나는 불편했다. 내가 아무리 내면의 중요성을 강조해도, 이미 외형으로 인생을 평가하는 시대적 편견에 더 이상 이성적인 주장이 통하지 않았음을 알았기 때문이다.

이러한 가치관의 변화는 배우자 선택의 기준에도 영향을 미쳤다. 설문 조사에서 배우자의 직장 연봉이나 자가 소유 여부가 중요한 선택 기준으로 나타났다는 보도. 그래서인지 주변에 노총각, 노처녀, 비혼주의자가 늘어나는 것도 이해가 되었다. 나는 둘이 같은 목표를 바라보며 함께 이루어가는 재미가 결혼생활의 행복이라고 강조하지만, 그들은 달랐다.

"지금 더 큰 집, 지금 더 좋은 차로 시작해야 더 큰 행복이 오잖아요."

너무나 당당하게 말하는 그들 앞에 선뜻 '그게 아니야'라고 할 수 없었다.

시간이 흘러, 유행처럼 번졌던 욜로는 순식간에 사라지고 요노(YONO, You only need one) 족이 등장했다. 주가 하락과 인플레이션으로 인한 물가 상승은 욜로족마저도 미래에 대한 불안감을 느끼게 만든 것 같다. 가성비와 가심비가 그들에게 더 중요한 가치가 되었고, 그들이 추구하던 '지금의 행복과 즐거움에 몰빵하는 삶'이 더 이상 매력적이지 않게 된 것이다. 물론 명품숍이 사라지지는 않았다. 그러나 팬데믹이 엔데믹으로 가면서, 중고차 시장에 쏟아져 나온 고급 수입차들과 가성비 좋은 맛집의 인기는 욜로가 인생의 중요한 가치가 아니었음을 증명하고 있었다.

당시 욜로족이 누렸던 큰 집과 좋은 차를 그들의 부모가 덜 쓰고 덜 먹으며, 열심히 일해 하나하나 이루어낸 중요한 가치와 동일하게 볼 수는 없었다. 욜로를 통한 그들의 성공 착각은 마치 복권에 당첨된 것처럼 쉽게 얻어진 것으로 보였다. 그러나 시간은 마이너스통장의 잔고와 대출 이자를 남겼고, 비로소 자신의 초라한 현실을 깨닫게 해주었다.

그렇게 사라진 욜로족은 지금 조직의 중간 관리자로 성장해 선배의 앞선 경험과 본인의 과거 경험 그리고 신세대 신입들의 당참을 경험하면서 강력한 갈등 상황에 노출되고 있다. 가끔은 어느쪽에서도 자유롭지 않은 그들이 애처롭게 보인다.

Car는 물건이지!

"이사님, 드디어 차 뽑았습니다!"

아침에 출근하면서 팀 막내가 몹시 들뜬 목소리로 외쳤다. 우리 막내가 드디어 첫 차를 샀다며, 팀원들은 축하의 의미로 핸들 커버와 주차번호판 등을 선물로 준비하고, 야단이다. 평소에 막내는 돈이 없다고 늘 이야기하고 한 푼 두 푼 아끼며 살던 구두쇠였기에, 대출까지 받아 무리하게 차를 산 것이 의아했지만, 모두 진심으로 축하해주었다.

나는 "왜 그렇게 무리하면서 차를 샀어?"라고 물었다. 막내는 "가오(남자의 자존심) 때문에요."라고 대답했다. 순간, "가오가 밥 먹여 주냐?"라고 되묻고 싶었지만, 젊은 세대의 가치관을 이해하려 노력했다.

며칠 후, BMW를 8개월 정도 타던 팀원이 더 큰 BMW로 업그레이드 하겠다고 해 사무실 인싸가 되었다. 그리고 채 5일 안 되어 7천만 원이 넘는 차를 계약했다는 그의 말에 모두가 부러움을 감추지 못했다. 나는 또 물었다.

"왜 그렇게 무리를 해서 수입차를 타려고 하는 거야?"
"타고 싶어서요."

그 후, 직원들과 식사하면서 같은 질문을 던졌다.

"왜 굳이 무리해서 수입차를 타고 싶은 거니?" 하고 물었다.
그들은 "하차감이 좋잖아요."라고 대답했다.

나는 왜 이 감정을 경험하지 못하고 남의 눈치를 보며 살아왔던 걸까? 예전에는 차가 지위를 상징하던 시절이 있었다. 하지만 지금은 그런 시대가 아니라고 생각하면서도 '하차감'이라는 단어에서 오는 거부감은 내가 누리지 못하는 강한 부정이었다. 그들이 차를 꾸미고, 광택을 내며 개성을 표현하는 모습은 차 본연의 기능과는 아무런 관련이 없다고 마음속으로 외치고 있었다.

드디어 나도 차를 바꿀 시간이 왔다. 상장회사 임원이 된 나에게 주는 작은 보상이었다. 어떤 차를 살까 고민하던 끝에, 더 늙기 전에 SUV를 타고 여행을 다니기로 마음먹었다. 그동안 바쁘다는 핑계로 가족과 한 번도 제대로 여행을 못 갔었다. 그런 아내와 아들에게 여행은 큰 의미가 될 것이기에 여행 전용 자동차가 필요했다. 이런 내게 팀원들은 계속해서 수입차를 추천했다. 이미 수입차를 타고 다니는 팀장 녀석이 나를 수입차 전시장으로 데려가기도 했다. 볼보 XC60이 딱 마음에 들었지만, 6개월을 기다려야 한다는 말에 국산 SUV로 마음을 돌렸다.

그리고 며칠이 지나 계약을 하니 팀장이 "이사님, 그럴 줄 알았습니다."라고 말했다. 그의 말이 "역시 넌 그것밖에 안 돼."라고 비아냥거리는 것처럼 들렸다. 반면 나보다 먼저 임원이 된 선배들은 나의 선택을 잘했다고 옹호했다.

"이 이사가 수입차나 고급 세단을 타면, 다른 경영진들 눈에 많이 띌 거야."라는 선배의 말에, 나는 아직 조직에서 눈치를 보며 살아가는 세대임을 느꼈다.

차라는 물건을 두고 바라보는 가치의 차이가 크다는 것을 체감하는 경험이었다. 차는 운송 수단에 불과하다고 생각하는 나와 차를 자신의 개성으로 보는 젊은 세대 간의 차이는 쉽게 좁혀지지 않을 것이라는 생각이었다. 그러던 어느날 지하 주차장의 30%가 수입차로 채워져 있음을 목격했다. 시대는 변했고, 생각이 달라졌고, 그 시대를 살아가는 방법도 바뀌었다. 그리고 언제나 반짝거리며 광을 낸 그 차들을 보며 차주들의 남다른 애착도 느낄 수 있었다.

나는 그 차주의 마음을 존중한다. 그러나 차를 아끼는 만큼 사람과의 관계에도 공을 들이면 좋겠다는 아주 고리타분한 생각이 흐물거리며 일어났다. 매주 차를 세차하듯, 관계 속 응어리를 풀어낼 수 있다면 얼마나 좋을까? 차에 광을 내듯, 독서와 사색을 통해 내면에 광을 내면 얼마나 좋을까? "네 차 멋지다."라는 타인의 말이 SNS에서 의미 없이 눌러지는 '좋아요' 버튼과 뭐가 다를까?

계단이 사라진 공간에 건물주만 자란다

"외삼촌, 저도 외삼촌처럼 살고 싶어요."
"왜?"

"외삼촌은 공부도 그렇게 잘하지 않은 것 같은데, 그렇게 힘들게 살지도 않는 것 같고, 돈도 적당히 있고, 삶도 즐기면서 편하게 지내시는 것 같아서요."

대학교 3학년인 조카가 느닷없이 나에 대해 던진 이 한마디에 묘한 감정이 들었다. 살면서 겪었던 고생은 생각도 안 하고, 조카가 마치 내가 쉽게 살고 있다는 듯이 평가하는 게 섭섭하기도 하고, 어딘가 모르게 씁쓸하기도 했다.

얼마 전 공채 신입사원 강의에서 "여러분들의 꿈은 뭔가요?" 하고 물었다. 그런데 놀랍게도, 백여 명 되는 신입사원 중 절반가량이 이렇게 대답했다.

"건물주요."

당황했다. 왜 이제 막 사회에 첫발을 내딛는 젊은이들의 꿈이 건물주일까? 한때 농구선수로 큰 성공을 거뒀던 서장훈이 한 예능방송에서 했던 말이 떠올랐다. 그는 자기가 여러 건물을 소유하고 있으며, 그 건물을 통해 꽤 많은 이익을 얻고 있다고 이야기했다. 또 신동엽은 그런 서장훈에게 "취미가 건물 모으기냐?"며 농담을 던지기도 했는데, 그때 많은 이들이 이 모습을 보며 건물주가 되면 일하지 않고도 임대료만으로 편안한 생활을 할 수 있을 거라는 환상을 갖게 된 건 아닌가 싶었다. 서장훈은 대한민국 최고의 농구선수였다. 그가 그렇게 성장하기까지의 과정은 결코 쉬운 일이 아니었을 것이다. 그의 성공 뒤에는 분명 수없이 흘린 땀과 눈물이 있었을 텐데, 그런 노력보다는 오로지 지금의 성공만이 강조되었다. 그러한 가공된 환상에 젊은이들의 꿈이 '건물주'로 수렴되는 이 상황은 매우 씁쓸했다.

조카도 아마 나의 겉모습만 보고 비슷하게 생각하는 것 같았다. 외삼촌이 그동안 새벽같이 출근해 사내외 정보를 파악하고, 밤늦게까지 비즈니스 파트너들을 만나고 피곤한 몸을 이끌고 새벽에서야 퇴근하는 모습은 상상도 하지 못하는 것 같다. 마흔이 넘은 나이에 만학도가 되어 사적인 시간을 모두 포기하고, 박사 학위를 따기 위해 얼마나 많은 시간과 비용을 투자했는지도 모르고 말이다. 밖에서 보이는 모습은 마치 백조가 물 위에서 우아하게 떠 있는 모습 같지만, 사실 물밑에서는 끊임없이 발을 움직이며 생존 경쟁 속에서 이전투구하고 있다는 사실을 그 녀석은 알 리가 없다.

누구나 겉으로 보기엔 편안해 보일 수 있지만, 그 삶을 이루기까지는 분명 고통이 따른다. 물론, 조상의 빛나는 유산을 물려받아 시작부터 남부럽지 않게 살 수 있는 금수저라면 다르겠지만,

사람들 대부분은 자신의 길을 개척하기 위해 고군분투하는 게 현실이다.

　MZ세대의 심정이 이해되지 않는 것도 아니다. 그들은 이미 너무 아프고 힘든 세상을 살고 있기에 "아프니까 청춘이다"라는 말이 더 이상 위로가 되지 않는다는 것도 안다. 학창 시절엔 엄청난 입시 스트레스를 견뎌내고, 겨우 대학에 들어가니 취업이라는 또 다른 큰 장벽이 앞을 가로막고 있다. 겨우 취업에 성공해도 결혼, 내 집 마련이라는 끝없는 도전 과제가 남아 있으니, 그들이 지쳐가는 것은 어쩌면 당연한 일일지도 모른다.

　그래서 그런 MZ세대 자녀를 둔 나 같은 꼰대들이 모여 술자리에서 이런 푸념을 하곤 한다.

　"야, 예전에는 부모가 자식에게 고기 잡는 법을 알려주면 됐잖아. 근데 이제는 고기 잡는 법을 알려줘도 모자라, 그물까지 사줘도 힘들다더라."

　"그래서 부모가 고기를 직접 잡아서 냉동고에 가득 채워 냉동창고로 물려줘야 한다잖아."

이 시대 MZ를 양육하는 부모들의 고민이었다. 한 기사를 통해 초등학생이나 중학생들조차 "우리 아버지나 할아버지는 뭐 하셨던 거야? 왜 건물 하나 없는 거야?"라고 말할 정도라니, 시대가 얼마나 달라졌는지 실감 난다. 심지어는 카카오톡 닉네임에 자신이 살고 있는 아파트 이름을 넣어 '자이○○○' 같은 식으로 쓰기도 한단다.

미꾸라지도 용이 될 수 있다는 말이 있었지만, 이제는 용으로 승천할 물기둥조차 보이지 않는다. 그저 밟고 올라갈 계단이 없는 세상을 살아가는 젊은이들은 얼마나 답답할까? 그럼에도 불구하고 나는 조카가 "나처럼 살고 싶다"라는 말보다는 "나는 외삼촌보다 더 멋지게 살 거야"라고 말해주기를 바라게 된다.

소유보다 경험

법정스님의 '무소유'가 무엇을 의미하는지 식자 좀 쓴다는 학자들이 풀이하고, 미니멀리즘이 유행처럼 번지던 것이 엊그제 같은데 다시금 주춤한다. 소유보다는 경험이 중요하다고 자위하며, 애써 자린고비 행태를 감추던 우리 선배들의 모습을 떠올리며, 무엇이 경험이고, 어디까지가 소유인지 구분하기가 쉽지 않았다.

여름 휴가철이 다가오면 팀원들이 여행계획을 세우며 여기저기 예약하느라 분주하다. 4일 또는 일주일을 가족과 아니면 친구나 애인과 멋지게 보내기 위해 업무보다 더 강한 집중력을 보인다. 김 대리는 수영장 있는 풀빌라를 빌렸다. 당시 우리나라에서 가장 인기라는 울산의 풀빌라가 하룻저녁 가족과 함께 쓰는데 140만 원이라고 한다. 나는 잠만 자는 숙소에 지금까지 20만 원 이상을 투자해 본 적이 없는데…. 김 대리의 이야기가 딴 세상 이야기인 것으로만 생각됐다. 그런데 부서 직원들 모두가 "좋겠어요."하며 그가 예약한 숙소를 검색하며, 눈요기에 정신이 없다.

결혼해서 중학생 아이를 둔 장 팀장이 "김 대리, 잠만 자는 숙소에 뭐 그리 큰돈을 쓰냐?"하고 한마디 거든다. 에이 팀장님 "지금 경험하지 않으면, 저나 제 가족이 언제 그런 데서 하룻밤을 보내보겠어요?"라며, 씩 웃는다.

소유와 경험? 그들의 이야기를 들으며 내 마음속에 부러움이 있음은 나의 모순이었다. 아이폰, BMW, 샤넬에 열광하는 젊은 친구들에게 문화적 사대주의라며 손가락질하던 기성세대에게 소유와 경험의 경계가 불분명함은 사실이다. 우리 때는 "너 삼척에 촛대바위 가봤냐?"라고 묻는 경험의 확인이 김 대리가 내 나이 되면 "BMW X7 타봤어?"라는 경험치로 나타날 것이기 때문이다.

세상은 변하고 있다. 그들이 누리는 경험과 가치의 기준은 50대 꼰대들이 느끼는 가치 기준에 맞지 않고, 이미 그것은 아주 옛날이야기처럼 고루해졌다. 내가 나이 40에 국산 중형 승용차를 풀옵션으로 샀을 때, 당시 이사님께서 나에게 "쓰지도 않을 옵션은 뭐 그렇게 많이 넣었어?" 하며 질문했다. 그때 나는 "어차피 10년 이상 타는 차, 백만 원 더 쓰고 기분 좋게 십 년 타려고요."라고 대답했던 것이 기억난다. 그 이사님과 내가 15년 정도 차이가 났으니, 뭐 지금의 김 대리와 나와의 차이 정도가 아닐까. 나는 그때 이런 옵션을 10년간 경험한다는 것이 돈의 문제가 아니라 새로운 문명의 경험이라 생각했다. 그 이후로도 스마트폰, 스마트 워치, 자전거, 카메라 등 새로운 제품이 나올 때마다 빠른 경험을 해야 한다고 생각했고, 그렇게 살아왔다. 아마 나의 선배들은 그런 나를 보고 지금 내가 김 대리를 바라보는 것과 비슷한 생각을 했을 것이다.

그런데 더 내가 이해되지 않는 것이 있었다. 그것은 장 팀장의 반응이었다. 한때 욜로를 외치던 그였지 않았는가? 나와 다른 방법으로 경험하는 모습에 나는 그를 부러워했었는데 왜 반골이 되었을까? 내가 생각했던 소유라는 것이 그에게도 속물이 되었을까?

인간은 누구나 다르게 판단하고, 다르게 살아야 할 자유가 있다.

그런데 내가 집단에 의해 길들여진 사고로 개인적 자유와 경험을 판단하는 것은 생각의 오류다. 이제는 지극히 개인적인 사고와 행동, 그리고 그들의 경험을 존중해야 하는 시대다. 나 같은 꼰대가 하루아침에 생각이 바뀌지는 않겠지만 과거의 혁신적인 개혁가였듯이 생각이 변해야 함은 틀림없다.

갈등 상황에서 학습된 리더십 | 화석이 된 액자 속 조직문화
MZ가 움직여야 조직이 살아난다 | 리더의 유연성

조직문화(Organizational Culture)는 조직 내에서 공유되는 가치, 신념, 규범, 행동 패턴 등을 포함하는 개념으로, 이는 조직의 의사 결정, 행동 양식, 갈등 해결 방식에 중요한 영향을 미친다.

현관에 들어서면 멋지게 쓰여 있는 그 회사의 비전과 핵심 가치 등이 눈에 들어오지만 실제로 직원들의 행동이나 생각은 제각 각인 경우를 많이 목격했다.

• • •

아침에 눈을 뜨며 "아싸~ 행복하고 즐거운 회사에 일하러 가야지."하며 힘차게 잠자리에서 일어나는 에너자이저가 있을까? '조금만 더 잘 수 있으면 좋겠는데, 오늘은 집에서 쉬고 싶은데' 하는 실현될 수 없는 희망을 품고 직장인 대부분이 출근길에 오른다. 사각의 방에서 사각의 침대를 뒤고 하고 다시 사각의 사무실로 자리를 옮겨 사각의 책상 위 사각의 모니터를 보는 일련의 행동 속에는 가고 싶지 않고, 하고 싶지 않다는 의식의 갈등이 자리한다.

누구에게나 쉽지 않은 직장 생활이 좋은 일만 있으면 좋으련만, 꼴통 같은 본부장과 간수 같은 팀장이 있는 조직은 어떤 세대에게는 감옥 같은 곳이다. 하지만 시간과 노력을 통해 그 갈등이 조직에는 생산적 변화를 불러오고 조직원에게는 리더십의 단단한 성장을 선사한다.

1
갈등 상황에서 학습된 리더십

삶 속에 갈등이 단 한 순간이라도 없을 수 있을까? 아침에 눈을 뜰 때부터 잠들기 전까지 심지어 꿈에서조차 이 일을 해야 하나, 말아야 하나 고민하고, 저 사람을 계속 봐야 하나 말아야 하나 등 등 끊임없는 갈등 상황에 놓인다. 과거 행동을 반성하는 마음에서 일어나는 성찰과 여러 가지 마주하는 갈등 극복과 해결의 과정을 거치며 리더십과 조직문화는 발전된다. 특히 그것이 조직원과의 관계 속에서 일어나는 갈등일 경우에는 리더십과 조직문화에 더 큰 영향을 미친다.

성찰적 리더십

성찰적 리더십(Reflective Leadership)은 리더가 자신의 과거 경험을 돌아보고, 과거 행동의 영향력을 분석하며, 이를 통해 현재의 리더십 스타일을 개선하는 방식이다. 과거의 자기 행동의 동기와 결과를 깊이 이해하고, 이를 바탕으로 새로운 행동 전략을 채택하는 과정으로 실수를 인정하고, 변화에 대응할 수 있는 더 나은 방법을 모색한다.

아지리스(Argyris)와 숀(Schon)의 이중순환학습(Double-Loop Learning) 이론에 따르면, 단순히 문제를 해결하는 수준(Single-Loop)을 넘어, 문제 발생의 근본 원인을 성찰하고 학습하는 과정이 필요하다고 했다. 이는 조직에서는 목표, 전략, 가정을 근본적으로 재검토하고 수정하여 지속적인 혁신과 변화를 추구하는 방법으로 지속 가능한 리더십 개선을 가능하게 한다. 다만 이 역시 기존 시스템을 뒤흔들 가능성으로 인해 내부 저항이 발생하고 시간과 자원이 더 많이 소요된다. 따라서 조직의 문화와 리더십 스타일에 따라 성공 여부가 좌우된다.[10]

이러한 성찰적 리더십의 성공을 위해서는 다음과 같은 적용이 필요하다.

비판적 사고 촉진 : 기존 가정을 도전적으로 검토
피드백 시스템 구축 : 실시간으로 정보를 수집하고 학습하는 구조 도입
학습 문화 강화 : 실패를 인정하고 이를 통해 배우는 문화를 확립
전략적 대화 유도 : 문제의 본질에 대해 조직 내에서 열린 토론

상황적 리더십

허시와 블랜차드(Hersey & Blanchard)의 상황적 리더십 이론은 리더가 상황과 구성원의 특성에 따라 리더십 스타일을 조정해야 한다고 강조한다.[11] 성공 경험이 많은 리더일수록 최고경영자의 지시와 자기 경험을 기반으로 강압적 리더십을 행사하려는 경우가 많다. "현장의 우려와 시대 변화"를 기반으로 협력적 방식을 주장하는 팔로워들은 이러한 리더에게 대립과 복종에서 갈등하게 마련이다. 결과적으로 양측이 각자의 입장만 고수하면서 상호 이해 부족으로 갈등이 더욱 커진다. 리더의 높은 지시적 행동(Directive Behavior)과 팔로워의 높은 지원적 행동(Supportive Behavior) 추구와 같은 상황의 갈등과 불균형이 조화로운 리더십을 방해하는 요소가 된다.

스타일	적용 방법
지시형 (Telling)	리더가 높은 지시와 낮은 지원을 제공 구성원이 능력이 낮고 의지도 낮은 경우 효과적
코칭형 (Selling)	높은 지시와 높은 지원을 제공 구성원이 능력은 부족하지만, 의지가 있는 경우 적합
지원형 (Participating)	낮은 지시와 높은 지원을 제공 구성원이 능력은 있지만 의지가 부족할 때 적합
위임형 (Delegating)	낮은 지시와 낮은 지원 구성원이 능력과 의지가 모두 높은 경우 적합

팔로워의 의지와 능력 모두 높은 수준은 성숙한 상태인데 리더가 지시형 리더십을 고수한다면 갈등이 발생한다. 상사는 신뢰 부족으로 지나치게 세부적인 지시를 하고, 구성원은 이를 과도한 간섭으로 느끼며 불만이 생기는 것이다. 반대로, 상사가 위임형 리더십을 사용하는데 구성원이 아직 초보적인 능력과 낮은 동기를 가진 상태라면, 구성원은 방향성과 지원이 부족하다고 느낀다. 그래서 리더는 팔로워의 상황에 따라 각각 다른 리더십을 구현해야 한다.

이를 다시 조직 내 세대 간 갈등에서 보면 종종 리더십 스타일과 구성원의 기대치 간의 불일치에서 발생함을 알 수 있다. 임원 등 기성세대 리더는 지시형(Telling) 리더십을 선호하며, 상세한 규칙과 절차를 강조하는 반면, MZ세대 구성원은 자율성과 참여를 중시하며 지원형(Participating) 또는 위임형(Delegating) 리더십을 기대한다.

기성세대 리더가 MZ세대 구성원을 능력과 의지가 낮다고 판단하여 지나치게 지시형 리더십을 사용하면, MZ세대는 과도한 통제와 권위주의로 느낀다. 반대로 리더가 기성세대 구성원을 능력과 의지가 높다고 판단하여 자율성을 주면, MZ는 방향과 지원 부족을 느낄 수도 있다. 따라서 리더는 구성원의 성숙도를 제대로 평가해야 하며, 세대별로 다른 동기부여 요인을 이해해야 한다. 특히 MZ세대는 자율성과 피드백을 중시하므로, 코칭형(Selling)이나 지원형(Participating) 리더십이 적합한 경우가 많다. 반면 꽤 오랜 시간 기성세대와 호흡을 맞춰온 중간 관리자와 팀장들은 명확한 방향과 결과를 기대하며 지시형(Telling)과 코칭형(Selling) 리더십에 익숙해할 수 있다. 다만 모두가 다 그러한 것은 아니고 가능성이 크다는 것이다.

특히 조직 내 X세대와 MZ세대 간의 차이는 심리적 계약(Psychological Contract) 이론을 통해 설명할 수 있다. 직원들은 조직과의 관계에서 묵시적인 기대를 가지며, 이 기대가 충족되지 않을 때 갈등이 발생할 수 있다. X세대는 조직에 대한 충성심과 헌신을 강조했지만, MZ세대는 개인의 권리와 자율성을 더 중시한다. 또 이를 다시 사회적 교환 이론(Social Exchange Theory)으로 설명하면 사람들은 상호작용에서 보상을 극대화하고 비용을 최소화하려는 경향이 있는데, MZ세대는 이러한 접근을 극대화하여 조직 내 불합리한 요소에 대해 즉각적으로 반응하는 경향이 있음을 알 수 있다. 따라서 해결하는 방법은 세대 간 공통의 목표 설정을 통해 서로 다른 세대의 기대치를 맞추고 열린 대화와 피드백 과정을 도입해 공통의 목표와 신뢰를 형성하는 것이 중요하다.

2
화석이 된 액자 속 조직문화

조직문화(Organizational Culture)는 조직 내에서 공유되는 가치, 신념, 규범, 행동 패턴 등을 포함하는 개념으로, 이는 조직의 의사 결정, 행동 양식, 갈등 해결 방식에 중요한 영향을 미친다. 그런데 실제로 이 조직문화의 핵심 가치들이 작동하고 있는지는 의문이다. 현관에 들어서면 멋지게 쓰여 있는 그 회사의 비전과 핵심 가치 등이 눈에 들어오지만 실제로 직원들의 행동이나 생각은 전혀 그 것에 초점이 맞추어지지 않은 채 제각각인 경우를 많이 목격했다.

나와 상관없는 조직문화라는 생각, 어쩌면 개인주의적인 MZ들 그리고 그들을 설득해야 하는 중간관리자들에게 조직문화나 핵심 가치는 그저 화석이 된 액자 속 유물처럼 보일 수도 있겠다는 생각 이 들게 했다.

조직문화

에드거 샤인(Edgar Schein)은 조직문화를 세 가지 수준(가시적 표

면 수준과 가치와 신념 수준, 기본 가정 수준)으로 설명한다.[12]

가시적 표면 수준 (Artifacts)

가시적 표면 수준은 조직문화의 가장 겉에 드러나는 부분으로, 물리적 환경, 행동 양식, 그리고 조직의 상징 등을 포함한다. 예를 들어, 조직의 로고, 사무실 배치, 복장 규정, 의사소통 방식 등을 말하며 의미를 완전히 이해하려면 깊이 있는 분석이 필요하다. 단순히 조직의 표면적인 모습만으로는 그 이면의 가치와 신념을 알기 어렵다. 어떤 조직이 오픈 오피스 구조를 채택했기에 활발한 의사소통과 협업을 중요시하는 문화를 가진다고 판단할 수 있지만 그 조직의 실질적인 가치와 신념을 정확히 알기에는 한계가 있다.

가치와 신념 수준 (Espoused Values)

가치와 신념 수준은 조직이 공식적으로 추구하는 가치와 목표를 의미한다. 이는 조직의 사명 선언, 비전, 윤리 강령, 운영 원칙 등을 통해 표현된다. 또한 조직 내 리더들이 구성원들에게 전달하고자 하는 이상적인 행동 기준과 목표도 여기에 포함된다. 이 단계에서는 조직이 표면적으로 드러내고자 하는 가치를 다루는데 이러한 가치는 실제 행동과 일치할 수도 있고, 그렇지 않을 수도 있다. 따라서 표면적 가치와 실제 실행 간의 일관성을 검토하는 것이 중요하다. '고객 중심'을 가치로 내세우고 있으나 실제로 고객 불만을 신속히 해결하는 체계가 부족하다면 이러한 가치는 단순히 표면적인 구호에 그칠 수 있다.

기본 가정 수준(Basic Underlying Assumptions)

기본 가정 수준은 조직문화의 가장 깊은 층으로, 구성원들이 무의식적으로 받아들이는 믿음과 가정이다. 이는 조직이 긴 시간 동안의 경험을 통해 형성한, 의식적으로 설명되지 않는 생각과 태도들로 구성된다. 기본 가정은 조직 구성원들에게 너무나 당연하게 느껴지기 때문에 명시적으로 표현되거나 뚜렷하게 그려지지 않는다. 그러나 이러한 가정들은 구성원들의 사고와 행동 방식을 자연스럽게 이끌며, 그 자체로 조직문화의 핵심이라고 할 수 있다. 만약 어떤 조직이 "모두가 스스로 자기 관리를 해야 한다"라는 기본 가정을 가지고 있다면, 이는 해당 조직이 자율성과 책임감을 중시하는 문화를 내면화하고 있음을 의미한다.

에드가 샤인(Edgar Schein)은 위 세가지 중 기본 가정 수준이 조직 구성원의 행동에 큰 영향을 미친다고 본다. 즉 조직문화는 단순히 눈에 보이는 행동과 정책 이상의 깊은 구조적 기반을 갖추고 있음을 알 수 있다.

3
MZ가 움직여야 조직이 살아난다

조직에서 MZ세대가 차지하는 비중이 전체 구성원의 80%를 차지하는 경우도 있고, 중견기업 이상에서는 아무리 적어도 대체로 50%를 넘었다. 상황이 이러니 기업의 리더들은 MZ의 마음을 사지 못하면 조직에서 리더십 상실의 위기에 놓이게 된다. 이러한 조직의 주력을 차지하는 MZ를 움직이게 하는 방법이 없을까?

중간 관리자들만 해도 혹여 갈등이 생기더라도 저녁에 술 한잔 하면서 사정을 이야기하면 소통이 되고 갈등이 해소되었다. 그러나 MZ들과는 그 술자리조차 어렵고 잠깐 기회가 생기더라도 그들을 설득하는 게 쉽지 않다. 그들의 마음을 사는 것은 결국 일에 몰입하게 하는 방법이 가장 좋은 방법이고, MZ세의 몰입 순발력은 참으로 놀랍다. 이미 어린 시절부터 게임 환경에 노출되어 성과 결과에 익숙하다. 순간순간 획득하는 아이템에도 민첩하고 상황만 잘 연결된다면 성과를 위한 몰입은 그 어느 세대보다 강력한 능력으로 보인다.

존 코터(John Kotter)의 변화 관리(Change Management) 이론은 조직에서 강력한 변화를 추진할 때 필요한 8단계 변화 모델을 제시하고 있다.[13] 각 단계가 MZ들에게는 저항이나 거부감이 크지 않다. 오히려 리더 그룹에서는 저항과 방어적 성향이 나타나는 데 이는 그동안 쌓인 자신의 습관이나 경력을 지키고자 하는 의식이 강하기 때문이다. 그러나 변화관리의 8단계는 왜 변화가 필요한지 분명한 명분을 제시함으로써 MZ세대가 마치 게임에서 단계별 라운드의 난이도를 높이듯 몰입할 수 있도록 할 수 있다. 특히 프로젝트 리더로 역할을 줄 수 있다면 더욱 몰입할 수 있어 효과적이다.

1단계 - 긴급성 높이기 (Create a Sense of Urgency)

변화의 필요성을 인식하고, 시급함을 느끼는 단계로 구성원들에게 변화를 이끌어야 하는 동기를 부여하며, 변화의 이유를 명확히 제시해 참여를 유도한다.

2단계 - 강력한 변화 리더십팀 구성 (Build a Guiding Coalition)

변화를 추진할 강력한 변화추진팀을 구성하여, 변화 과정에 대한 비전을 공유하고 구성원들이 동참할 수 있도록 독려한다. 이 팀은 변화를 위한 다양한 시각을 통합하고 추진력을 유지하는데 중요한 역할을 한다.

3단계 - 변화의 비전과 전략 개발(Form a Vision and Strategy)

조직이 나아가야 할 방향과 목표를 명확히 하고, 이를 달성하기 위한 전략을 수립한다. 비전은 구성원들이 변화를 이해하고 공감하도록 돕는 데 필수적 요소다.

4단계 - 비전 소통(Communicate the Vision)

수립한 비전과 전략을 모든 구성원에게 지속적으로 전달하여 공감대를 형성한다. 소통은 단순히 정보 전달이 아니라, 구성원들이 변화를 내재화하고 행동에 옮길 수 있도록 돕는 중요한 과정이다.

5단계 - 구성원들의 자율적 행동 촉진(Empower Broad-based Action)

변화에 대한 장애물들을 제거하고, 구성원들이 자율적으로 변화를 추구할 수 있는 환경을 조성한다. 이를 통해 새로운 아이디어와 방법을 시도할 수 있도록 장려하고 지원하게 된다.

6단계 - 단기 성과 창출(Generate Short-term Wins)

성과 목표에 대한 캐스케이딩(Cascading)을 통해 단기적으로 실현 가능한 성과를 설정하고, 이를 달성할 수 있도록 한다. 단기 목표에 대한 성과 달성은 조직 내에서 변화를 긍정적으로 바라보게 하고, 지속적인 변화를 위한 동력을 제공한다.

7단계 - 성과의 정착 및 확산(Consolidate Gains and Produce More Change)

초기 성과를 바탕으로 추가적인 변화를 추진하며, 성과를 유지하는 동시에 변화를 조직의 더 넓은 영역으로 확산시킨다. 이는 점차적으로 변화를 심화하고 확장하는 과정이다.

8단계 - 변화를 조직문화에 정착(Anchor New Approaches in the Culture)

변화가 조직의 문화에 완전히 통합되도록 하여, 새로운 행동 방식이 '이제는 당연한 것'으로 자리하게 한다. 이는 변화가 지속될 수 있도록 하는 마지막 단계로, 변화의 가치와 성공 사례를 계속해서 조직 내에서 공유하고 유지하게 한다.

4
리더의 유연성

　리더의 유연성은 빠르게 변화하는 환경과 다양한 상황에 적응하며, 조직의 목표를 효과적으로 달성하기 위해 리더십 스타일, 의사결정 방식, 그리고 행동을 조율하는 능력을 말한다. 유연성은 리더가 고정된 틀에 얽매이지 않고 열린 마음으로 새로운 아이디어를 수용하고, 변화에 능동적으로 대응하며, 구성원들의 다양성을 이해하고 포용하는 데 핵심이 있다.

공감과 심리적 안전감의 제공
　세대를 불문하고 조직에서 일하는 전 직원은 공감과 심리적 안전감을 중요하게 여긴다. 다만 리더는 안전감이 조금 떨어지더라도 경험과 경력이라는 내성이 작용해 대처가 가능할 뿐이다. 반면 MZ들은 어떤가? 상사의 호통에 사표를 쓰겠다는 이야기가 있을 정도로 그들의 심리적 안전감은 매우 약한 고리다. 구성원이 자신의 의견을 자유롭게 표현하고, 실패를 두려워하지 않으며, 혁신적으로 일할 수 있는 환경을 만들어야 함은 이 시대 리더에게 반드시 필요한 숙제다.

에드먼슨(Edmondson)은 심리적 안전감(Psychological Safety)을 팀원들이 "내 의견이 존중받고 있다"라는 확신을 느끼고, 비판적 의견을 제시하더라도 처벌받지 않는 분위기를 형성되는 것으로 설명한다.[14] MZ세대는 개별적인 감정과 생각에 공감하고 이를 존중하는 대화 방식을 선호한다. 회의 중에 침묵하는 MZ세대 팀원에게 직접 질문하여 의견을 유도하되, 부정적인 반응 없이 경청하며 공감을 표현해야 함은 당연하다.

이러한 문화가 정착되면 조직 내 의사결정 과정을 중앙집권화하지 않고, 조직 구성원들이 참여할 수 있는 기회를 확대하는 것이 중요하다. 조직 구성원들은 자신의 의견이 존중받고 있다는 느낌을 받을 수 있으며, 권력의 불균형을 완화할 수 있다.

개인화된 관리와 동기부여

젊은 세대일수록 개인의 다양성과 목표를 존중받기를 원한다. 따라서 이미 오랜 직장 생활을 한 리더는 팀원 각각을 고려하여 강점, 관심사, 커리어 목표에 따라 차별화된 접근 방식을 활용해야 한다. 권력의 불균형은 상호 존중의 부족과 공정성에 대한 인식 차이에서 발생할 수 있다. 조직 내에서 상호 존중과 공정성을 강조하는 문화를 조성하여, 권력 구조에 의한 차별을 줄이고, 모든 구성원이 평등하게 대우받을 수 있도록 해야 한다.

이를 위한 셀프 리더십(Self-Leadership) 지원은 효과적이다. MZ 세대는 자신이 업무를 주도적으로 설계하고, 목표를 설정하며 성취감을 느낄 수 있는 기회를 선호한다. 다만 그 방법에 대한 학습이 부족하거나 어색할 뿐이다. 리더는 자세한 설명과 의미를 부여하여 팀원이 자신만의 목표와 방향을 설정할 수 있도록 코칭해야 한다.

외재적 보상과 내재적 동기의 균형

MZ세대는 공정한 평가와 보상을 중요시하지만, 더 나아가 업무의 의미와 가치에 중점을 둔다. 프로젝트의 목표와 조직 내 자신의 역할이 연결되어 있음을 설명하고, 이를 통해 내재적 동기를 부여한다면 그들의 쉽게 공동의 프로젝트에 몰입된다. 즉 MZ세대 팀원이 회사의 비전에 공감하지 못할 때, 그의 개인 목표와 회사 목표 간의 연결점을 찾아 설명하며 동기를 부여해야 한다. 실제로 회사를 그만두는 MZ들의 이유가 비전을 찾지 못함에서 비롯되는 경우가 많기 때문이다.

MZ세대는 과거 세대와 달리 권위에 복종하기보다 합리적이고 공정한 소통, 개인의 성장과 가치를 존중하는 문화를 요구한다. 리더는 이들과의 소통에서 상황적 유연성, 공감과 심리적 안전감, 개인 맞춤형 접근을 통해 신뢰를 구축해야 한다. 즉 리더가 MZ세대와의 갈등을 최소화하고, 그들과 함께 조직의 변화와 혁신을 이끄는 공동의 리더십 유연성이 필요하다. MZ는 권위에 대한 복종보다 공감에 의한 상호 합의를 훨씬 더 중요하게 생각하기 때문이다. 때때로 리더가 권한을 위임함으로써 조직원들이 더 큰 책임감을 가지고 업무에 임할 수 있도록 하면 효과적이다. 이는 조직 구성원들이 조직 내에서 자신의 역할을 보다 명확하게 인식하고, 자기 영향력을 발휘할 수 있는 기회를 제공하며, 권력의 집중을 완화해 준다.

변화도 방향에 따라 다르더라

10여 년 전 차장 직위 때의 인사 평가를 보게 되었다. 그 시절은 정신없이 일하던 40대 초반이었다. 지금은 대표이사가 되어 많이 고민하고 계신 분이 당시 나를 평가했는데, 아마도 그분은 상무였고, 나는 차장의 직위로 그분과 많은 사안에서 각을 세우며 갈등이 있었던 것으로 기억된다.

당시 대학원에서 교육학 박사과정 중에 있었던 나는 글로벌 기업의 성공과 실패 원인 등 많은 사례를 학습하고 연구하는 데 몰두하고 있었다. 그런데 새롭게 교육관장 겸임이 되신 그분은 그동안 다른 부문에서의 성공 경험을 바탕으로 정책을 만들고, 교육에도 그 방식을 그대로 적용하려 했다. 나는 일과 학습에 대한 열정이 강했던 만큼, 그분의 일방적 적용에 대해 적지 않은 부분에서 대립했었다. 갈등이 길어지면 미워지듯 그분에 대한 반발심도 커졌고, 그분 역시 나를 곱게 보지는 않았던 것 같다. 결국 그해 승진에서 보기 좋게 누락 되었다. 왜 승진에서 누락되었는지 면담도 없었지만 뭐 궁금하지도 않았다. 당시의 평가 결과는 공개되지 않기에 그럴 수도 있었지만, 시간이 지나 시스템이 개방되면서 잊고 있던 그때의 평가 결과를 보게 된 것이다.

놀랍게도 당시 나는 D 평점을 받았다. 내가 참 많이 반항하고 덤볐나 보다. 의견란에 '변화의 의지가 보이지 않는다'라는 그분의 코멘트는 살짝 충격으로 다가왔다. 누구보다 변화를 강조하고 교육했고, 유연하게 잘 받아들이고, 잘못된 것은 바로잡지 않으면 못 견디는 성격임을 그분도 잘 알고 있었는데, 변화 민감성이 떨어진다고…? 상사의 시각에서 나는 그저 고집불통에 자기 말을 거역하는 직원이었나보다.

내가 추구했던 변화와 그분이 바라보던 변화는 지금 생각해 보면 사실 큰 차이가 없다. 방법의 차이였을 뿐, 모두가 회사를 잘되게 하고 싶었던 마음은 같았기 때문이다. 다만, 그분은 당시 최고경영자의 지시와 자신의 경험을 나에게 강조했고, 나는 현장에서 검증된 여러 우려, 그리고 시대의 변화를 읽어서 시행하자는 견해였다. 나를 이해시키려 하지 않았고 그때 내 제안은 묵살되기 일쑤였다. 왜 받아들여지지 않았을까? 그리고 그런 나에게 왜 변화에 인색한 능력 없는 직원이라며 D를 주었을까?

그 상사가 내 평균 고과보다 훨씬 낮은 D를 주었다는 것에서 편견이 있었겠다는 생각이 들었고, 만약 내가 그때 조금 돌려서 의견을 제시했다면 상황이 달라지지 않았을까? 하는 회한이 있기도 했다. 입장을 바꿔 지금 내게 그때의 나처럼 대들고, 고개를 쳐들고 따지는 팀원이 있다면 나는 그를 변화에 탁월하고 새로운 것을 받아들이는 유연성이 풍부하다고 평가하며 A를 줄 수 있을까? 아마 나도 그리 자유롭고 편안하지는 않을 것이다. 하지만, 적어도 변화를 받아들이지 않는 능력 없는 직원으로 평가하지는 않을 것 같다.

나도 후배가 고개 쳐들고 덤비면 가슴에 멍드는 나이가 되었다. 그래도 그 직원의 합리성과 타당성이 보인다면 차분히 듣고, 그가 주장하는 변화의 의미를 곰곰이 되새길 여유를 가지고 있다. 아마 그 시절 유연성이라고는 찾기 어려운 고지식함에 질려, 변화에 대응하는 힘을 스스로 갖추고 있음이다. 지금의 내 모습이라면 과거의 상사에게 방법을 조금 바꾸어 일단 받아들인 후, 한숨 돌리고 나서 제안의 형식과 예의를 갖추어 이야기했을 것 같다. 그러면 적어도 B 정도는 받지 않았을까?

2천5백 명이 근무하는 그룹에 MZ세대 인원이 절반을 넘었다. 옆 부서에서 근무하는 한 직원은 눈이 마주쳐도 마치 '지나가는 사람 1' 정도로 나를 바라본다. 주변의 돌아가는 상황은 그들 인생에 그리 중요한 일이 아닌 것 같다. 그들은 마치 인공지능을 탑재한 로봇처럼 회사의 정책이나 조직 내 갈등에는 무관심하다. 회의에서도 대부분 침묵을 지키지만, 자신의 권리라고 여기는 휴가, 보수, 평가 등에 대해서는 조금이라도 이해가 부족하거나 납득되지 않으면 낮과 밤을 가리지 않고 발끈한다. 그럴 때면 가끔 두렵기도 하다. 그들의 내재 된 전투 능력이 발동해 불합리하거나 불공정하다고 판단되면 그들은 마치 전투 로봇처럼 무서운 속도로 돌진한다. 아무도 없는 밤에 SNS를 통해 기습공격을 하기도 해 이 시대 꼰대들의 잠자리를 불안하게 한다.

나는 나이가 들며 유연해졌다고 자부하지만, 여전히 옛 생각이 아른거린다. 지금 그때와 같은 상황이 주어진다면, 나는 어떤 결정을 내릴까? 또, 지금의 나는 그 시절 내가 갈등했던 상사와 얼마나 다른가? 시간이 지나면서 내가 꼰대로 진화되지는 않았는지 스스로 돌아보게 된다. 이제는 과거의 상처와 갈등을 딛고, 더 나은 리더가 되기 위해 끊임없이 반성하고 성찰이 필요할 때인 것은 분명하다. 과거와 다른 방식으로 팀원들을 대하고, 그들의 목소리에 더욱 귀 기울이며, 변화를 받아들이는 과정에서 함께 고민하고자 노력하려 한다. MZ세대의 방식이 아직 낯설고 때로는 이해하기 어렵지만, 그들의 생각과 행동을 존중하고자 더 애쓸 준비는 되어 있다.

상사가 회사다? 상사는 안주지!

대기업 입사 1년 내 퇴사율이 약 27%라고 한다. 왜 이렇게 퇴사율이 높을까? 몇 년 전 〈미생〉이란 만화에서 '상사가 회사다'라고 하는 글귀가 기업 문화에 큰 파문을 일으킨 적이 있다. 그도 그렇 듯 대체로 퇴사하는 직원의 숨겨진 사유가 대부분 상사 때문이라는 것이다. 이것이 일반적으로 느꼈던 직원들의 인식이라면 〈미생〉에서 이야기하는 '상사가 회사다'라는 말은 어린 미생들이 상사의 행동과 그들의 리더십을 보고 느끼는 것이 곧 회사라는 말이고, 회사의 좋고 나쁨이 상사의 좋고 나쁨과 동일하다는 말이었다.

나 땐 말야, 상사는 술안주였다. 왜 그랬을까? 그때 상사는 전지전능한 권한을 가진 불가침의 대상이었다. 의견 개진이란 사표를 보기 좋게 던지고 난 후의 행동 정도로 생각했다. 그러니 오죽이나 스트레스가 심했을까? 다만 퇴사율이 낮았던 이유는 아마도 평생 직장이란 개념이 의식 속에 남아 있었기 때문일 것이다. 그래서 참았고, 결혼이라도 해서 자녀가 생기면 처자식 때문에 참는다는 것이 보통 직장인의 생각이었다.

사무실과 회사에서 받은 상사에 대한 스트레스를 푸는 방법은 일단 상사가 절대로 찾을 수 없는 곳으로 잠적하는 것이었다. 상사와 동선도 겹치면 안 된다. 직원들의 집 근처나 아주 많이 떨어져 있는 외진 대폿집을 정해 삼삼오오 모여야 했다. 이내 꼰대가 없는 자유를 만끽하며 '뒷담화'의 향연을 펼친다. 다섯 명이 모여서 왁

자지껄 상사를 잘근잘근 씹다 보면 어느덧 쌓이는 술병에 비해 안주가 턱없어 보인다. 그래도 좋았다. 비싸고 기름진 안주는 필요 없었다. 상사를 씹는 맛은 산해진미였다. 어느 교육 강사가 뒷담화를 하면 결국 동티가 나니 절대로 해서는 안 된다고 말했던 것이 기억난다. 그런데 교육은 교육이고 현실은 달랐다. 실컷 씹고, 뜯고, 맛보고, 마시고 나면 스트레스가 날아갔었다.

며칠 전 오랜만에 후배 팀장들과 술자리를 했다. 녀석들의 하소연이 이만저만이 아니다. MZ들과 말이 안 통한다고 했다. 그리고 그들은 수틀리면 나간다고 하니 마음 놓고 지시를 할 수 없다고도 했다. 이제는 상사가 직장 내 괴롭힘의 대상이 아닌지 모르겠다. 그래서인지 팀장급 중간 관리자들이 모이면 상사가 아니라 팀원이 안주일 때가 많다. 하지만 그놈들이 어릴 때는 나를 술안주로 올려놓고 잘근잘근 씹을 때가 있었을 것이다. 그런 그들이 나는 좋다. 이제는 나에게 "술 한 잔 사 주소, 형님!" 하니 말이다. 다만 안주의 대상이 바뀌는 것은 그들도 꽤 조직에 젖은 새끼 꼰대가 되어가고 있음이다. 꼰대의 술안주는 팀원이 되고 있고, 팀원의 술안주는 아직도 상사인지는 모르겠다. 이미 MZ세대라는 세대의 경계는 술자리 동석이 어려운 종이 다른 놈들처럼 느껴지니 그들이 퇴근 후 어디서 무엇을 하는지는 알 수 없다.

"야 이놈들아, 하던 대로 해라. 좀…."

"원래 느그들은 상사를 씹는 DNA를 타고났는데, 왜 지금 팀원들을 탓하며 술을 먹냐?"

나는 술자리를 함께한 놈들에게 한마디 했다.

순간 멍해진 그들의 표정에서 내가 이놈들 뒤통수를 제대로 한 대 갈겼다는 통쾌함을 느꼈다. 그리고 나를 씹으며 안주로 삼던 놈들에게 복수를 했다는 시원한 카타르시스를 느끼며 아주 상쾌한 귀갓길에 올랐다. '회사 간다.' 말하고 '내 상사'를 만나러 가는 아이러니는 밤이 오면 회사도 상사도 맛난 안주가 되는 현실이 되곤 했다.

제발 일찍 좀 와라

"저 반차 좀 쓰겠습니다."

"저 내일 휴가 냅니다."

"저 어제 7시에 퇴근했는데, 오늘 5시에 퇴근해도 되지요?"

너무나 당당해 대답조차 어렵다. 중간 관리자인 팀장에게 요청하는 MZ의 휴가 사용은 부러우면서도 너무나 당당해 말문을 막히게 한다. 리더세대에게 휴가란 정말 아파죽을 것 같을 때 눈치 보며 아주 조심스럽게 사용하던 꿀맛이었다. 다만 쓰지 못한 연월차는 돈으로 환산해 주었으니 마지막 12월의 보너스가 참 짭짤했고 그나마 그것이 보상이었다. 물론 그 짭짤함이 오래가진 못했다.

IMF라는 전대미문의 사태가 온 나라를 휩쓸면서 연월차 수당은 자연스럽게 중견기업에서 자취를 감췄다. 그 시절 연월차를 쓰지 않고 죽기 전까지 회사에 나오는 문화는 기업의 위기의식과 함께 더욱 강화되었으니 그 죽을 맛이 참 오랫동안 당연하게까지 생각되었다. 그런 상사를 모시는 중간 관리자들 역시 조금은 예의를 갖추고, 조금은 눈치를 보면서 꺼내는 말을 MZ들은 예령 없이 바로 본론을 말한다. 그런 당혹감이 익숙해질 무렵 주당 40/52시간제의 실시는 매우 반가운 일이었다. 그런데 이 국가 정책에 적응이 어려운 리더가 종종 있다. 그 이유는 그들이 젊은 시절 누리지 못한 정책적 혜택에 배 아프고 본전 생각나는 꼰대이기 때문이다.

솔직히 나는 지금도 내가 출근할 때 팀장은 물론 팀원들이 나보다 먼저 나와 있었으면 좋겠고, 내가 퇴근할 때 남아서 일하고 있는 모습을 보면 뿌듯하다! 정말 꼰대스럽다. 왜 하필 내가 임원이 되니 연차 사용이 자유로워지고, 출퇴근이 자유로워져서 내 배를 아프게 하는 것일까? 내가 왜 그들의 당연한 권리행사를 혜택으로 보고 있는지? 이런 생각이 바뀌지 않으면 난 중병을 앓고 있는 꼰 대가 맞다. 그러면서도 그 생각을 반성할 때가 참 많다. 모니터에 보이는 인사관리 창을 열고 시원하게 근태 결재의 승인 버튼을 누르면서 말이다.

그래도 물러설 수 없는 것은 직장인이 지녀야 할 프로 정신이다. 그것은 적어도 업무 시작 20분 전까지는 출근해서 당일 업무에 대해 준비하고 계획을 세워야 하는 것이 월급받고 일하는 프로 아닌가 하는 생각이다. 커피도 미리 마시고, 담배도 미리 피우고 말이다. 오늘도 이 시대 젊은 전사들이 오전 9시 5분 전이면 1층 로비에 엘리베이터를 타기 위해 30미터씩 줄을 선다. 20분 전 출근이라는 생각이 전혀 없음이다. 아마도 마지막에 서 있는 직원들은 9시 10분 정도 되어야 사무실에 올라가지 않을까 걱정하는 순간, 몇몇이 출입 게이트에 자신의 출입증을 미리 인식시키는 모습이 보였다. 아 영특하다! 정말 머리 좋은 우리 MZ들이 대견스러웠다.

가끔 팀원들에게 직장인의 자세에 대해 잔소리 했었다. 그리고 그들의 생각을 묻기도 했다. 아침에 일찍 출근해서 책도 보고, 그날의 일과도 계획하는 직원이 성과가 좋다는 결과는 여러 자료를 통해 확인했다. 이러한 좋은 습관을 익숙하게 만드는 것은 리더의 의무라 생각했다. 주 52시간제의 제도가 안정권에 들어서면서 과거에 비해 출근 시 1시간 이상의 여유가 생겼으니, 아침에 뭐라도 배우는 것이 어떠냐고, 골프나 외국어 다 좋다고 했다. 모두 '그러겠다'고 대답했다. 그러나 그 대답은 공허했고 약속은 지켜지지 않았다.

다음날도 9시 5분이나 되어 자리에 앉은 팀원에게 강력한 레이저를 발사했지만 잔소리를 하기 싫어 침묵을 지켰다. 지금 30분이 1년 240일 근무일 동안 다 합치면 무려 120시간! 마음 속에선 "제발 좀 일찍 와서 뭐든 했으면 좋겠다." 고 외쳐본다. 하지만 들리지 않는 직원들의 "왜 저래?" 라는 소리 없는 반응이 느껴짐은 오롯이 내 몫이다.

의리! 우리가 남이가?

'우리가 남이가!'

불과 십 년 전만 해도 회사는 팀워크를 강조하면서 조직에 대한 충성심을 강요하곤 했다. 조직은 마치 하나의 거대한 가족처럼 묶였고, 그 안에서 개인의 삶은 늘 뒷전으로 밀려났다. 회사 일이라면 가정과 사적인 일은 당연히 우선순위에서 밀리는 것이었고, 이를 조직에 대한 의리, 충성, 로열티(Loyalty)라고 불렀다. 그 시절에는 그런 문화가 당연하게 받아들여졌고, 의리를 지키는 직장 동료를 두는 것은 큰 축복처럼 여겨졌다. 사실, 그것이 회사의 문화로 자리 잡았다면 다들 그런 조직을 좋은 회사라고 생각했다.

특히 이 의리 문화는 술자리에서 극명하게 드러나곤 했다. 한 번은 선배들과 술을 마시고 나서 3차를 외치며 동네 끝자락의 포장마차로 향했다. 이미 몸도 제대로 못 가눌 정도로 취해있던 그때, 선배 한 명이 시계를 풀며 외상을 하자고 주인과 실랑이를 벌이기 시작했다. 그 선배 바로 아래 있던 다른 선배도 가세해, 이건 내 결혼 예물 시계라며 시계를 풀었고, 나는 눈치를 보며 어머니가 주신 금반지를 뺐다. 이쯤 되면 포장마차에서 한 차수 더 가도 될 것 같았다. 그런데 그때 포장마차 주인이 한마디 했다. "참 의리 있는 사람들이네. 명함이나 주고 가. 내일 5시에 문 여니까 그때 계산해." 그 말을 듣고 술자리는 훈훈하게 마무리됐다. 그때를 기억하면 정말로 의리가 빛났던 순간순간이 많았다.

당시의 조직문화는 이렇게 의리가 체화되어 있었다. 그중에서도 상을 당한 동료에 대한 문상은 최고 의리를 보여주는 장이었다. 동료나 상사의 집안에 초상이 났을 때, 회사 동료들이 너나 할 것 없이 문상을 가는 것은 당연했고, 심지어 이틀 밤을 상주와 같이 지키는 직장 동료도 있었다. 그런 의례적인 참석조차도 소속감을 확인하는 중요한 기회가 되었고, 그 행위 자체가 일종의 의리로 여겨졌다. 더 나아가, 바쁜 상사가 주말에 결혼식에 참석하지 못할 때, 팀원들이 대신 그 자리를 메우는 것도 흔한 일이었다. 그때는 그것이 너무 당연하게 받아들여졌고, 조직에서 살아가는 방식 중 하나였다.

그런 당연한 경험이 체화된 리더나 중간 관리자들이 현재의 MZ세대와 마주했을 때, 그들 사이에는 하나로 이어지기 어려운 무언가가 존재한다. MZ세대에게 의리나 충성의 강요는 이해 불가였고 그런 모습을 보는 중간 관리자의 어색함은 옵션이었다. 묻지도 않은 의리를 이야기하는 리더들의 공치사와 무용담은 그저 삼국유사의 일화로 보였을 것이다.

몇 년 전 TV에서 김보성이란 배우가 '의~리'를 외치며 동료를 위해 얼음 계곡에 뛰어드는 장면을 본 적이 있다. 그날 김보성은 감기에 걸려 힘들어했지만, 동료와 고통을 나누고 함께 하는 것이 더 큰 가치라고 생각했던 것 같다. 요즘 시대에 그의 행동이 재조명되고 박수받는 걸 보면, 의리가 완전히 사라진 것은 아니지만, 분명 그 가치가 변하고 있다는 것을 느낀다.

요즘 가슴 한구석이 허전할 때가 있다. 처음 발령받았을 때, 팀원들은 마치 팀장에게 간이라도 빼줄 듯 충성을 맹세하곤 했다. 팀장이 뭔가 필요하다고 하면 그들은 주저 없이 움직일 준비가 되어 보였다. 그런데 몇 년이 지나면 그 충성심은 온데간데없고, 팀장을 대함은 무감정이다. 그들은 "왜 제가 팀장님과 친해져야 하나요?"라고 말한다. 철저하게 계약 관계로만 직장 생활을 이해하는 그들의 태도가 당혹스럽다. 기사로만 접하던 일이 눈앞에서 펼쳐지니, 당혹스럽기는 부서나 본부를 총괄하는 임원에게도 마찬가지다.

그 태도가 틀렸다고 할 수 없다. 이들은 개인주의를 지향하고, '워라벨(Work Life Balance)'을 중시하며, 인내보다는 즐거움을 더 소중히 여긴다. 직장에서의 삶에 대해 전통적인 방식이 맞다고 지금 너희의 태도는 아니라고 하기에는 그들의 논리가 나름 탄탄한 합리성을 가진다. 그들이 우선순위로 꼽는 것들을 보면, 성과 보상이 잘 갖춰져 있는 회사, 자율성이 보장되는 회사, 개인의 발전 가능성이 높은 회사, 소통이 잘 되는 회사를 중시한다. 생각해 보면, 지금의 관리자들이나 팀장들 역시 젊었을 때 이런 것들을 꿈꾸지 않았던가? 하지만 그때는 지금처럼 당당하게 말할 수 없었다. 당당하게 표현했던 경험이 단 한 번도 없었기 때문이다.

그런 당당함을 표현할 줄 몰랐던 세대는 결국 자신을 숨기며 살아가는 법을 배웠다. 그리고 그 숨김이 때론 '의리'로 포장되었다.

자신의 목소리를 죽이고, 조직을 위해 참는 것이 미덕이라고 여겼다. 그것이 습관이 되고, 그렇게 양육된 결과 지금은 스스로 외로움을 선택한 꼰대가 되어버린 것이다. 문제는 이제 그 의리가 더 이상 통하지 않는 시대에 살고 있다는 것이다. 내가 지켜온 것들이 더 이상 가치로 인정받지 않는 세상을 바라보며, 나는 다시 스스로에게 묻는다. '의리, 정말 필요한가?'

중요한 것은 지금 시대를 살아가는 방식이 어떻게 변하든, 내가 그 변화를 받아들이고 조정해야 한다는 것이다. 이제는 의리가 아니라 소통과 개인의 성장을 더 중요시하는 세대가 대세니, 그 흐름에 적응 못하면 존재 자체가 불가능하다. 의리가 사라져도 세상은 돌아가고, 우리는 그 세상에서 살아가야 한다.

과거 행동을 반성하는 마음에서 일어나는 성찰과 여러 가지 마
주하는 갈등 극복과 해결의 과정을 거치며 리더십과 조직문화는
발전한다.

리더는 꼰대가 되길 원하지 않는다 | 꼰대라는 용어의 시작
꼰대의 역사적 맥락 | 리더가 꼰대로 느껴질 때

리더와 꼰대는 근본적으로 조직 발전이라는 공통된 목표를 지
향하지만, 방법론에서의 차이가 갈등을 초래한다. 리더십을 발휘
하려면 세대 간 사고방식과 가치를 이해하고, 이를 연결하는 다
리가 되어야 한다.

• • •

　리더와 꼰대는 현대 조직에서 상반되는 의미로 종종 사용되며, 많은 논쟁과 오해를 불러일으키는 주제이다. '리더'는 긍정적인 의미로, 지혜와 경험을 바탕으로 팀을 이끌고, 목표를 달성하도록 도와주는 사람을 의미하지만, '꼰대'는 부정적인 의미로, 전통적이고 경직된 사고방식을 고수하며, 타인의 의견을 무시하거나 강요하는 사람을 대표된다. 하지만 조금만 더 깊이 내면을 바라보면 리더와 꼰대는 사실 백지 한 장 차이임을 알 수 있다. 그래서 리더에게 꼰대는 늘 붙어 다니는 그림자와 같다.

1
리더는 꼰대가 되길 원하지 않는다

'꼰대'라는 단어는 현대 사회에서 특히 젊은 세대들 사이에서 부정적인 의미로 자주 사용되며, 특정한 행동과 태도를 지닌 사람들을 지칭하는 데 쓰인다. 이들은 조직 내에서 고압적이고 융통성 없는 태도로 인해 타인에게 불편함이나 반감을 일으키는 경우가 많다. 그 특성은 주로 권위주의적 태도, 변화에 대한 거부, 그리고 세대 차이에 대한 이해 부족 등으로 나타난다.

첫째, 권위주의적 태도를 가진 사람은 자신이 가진 경험이나 지식을 절대적인 것으로 여기며, 이를 바탕으로 다른 사람, 특히 젊은 세대에게 자신의 방식이나 생각을 강요한다.[15] 자칫하면 타인의 의견을 무시하거나 그들의 자율성을 침해하는 것으로 비칠 수 있다. 권위주의는 종종 "내가 해봐서 아는데" 혹은 "이렇게 해야만 한다"라는 식의 표현으로 나타나며, 이는 젊은 세대에게 강압적이고 독선적으로 느껴지게 한다. 대개 자신의 방식이 가장 옳다고 믿으며, 다른 방식이나 의견을 받아들이기 어려워한다.

둘째, 변화에 대한 거부는 꼰대라고 불리는 사람들의 또 다른 중요한 특성이다. 이들은 새로운 아이디어나 방식을 수용하지 않고, 과거의 방식을 고수하려는 경향이 있다.[16] 과거의 경험이 풍부하고 이를 바탕으로 성공을 이루었을지라도, 시대가 변하고 환경이 달라지면서 과거의 방식이 항상 최고의 선택이 아닐 수 있다. 그러나 꼰대들은 이러한 변화를 인정하지 않으며, 오히려 변화에 저항하거나 이를 무시하려는 태도를 보인다. 변화 거부는 조직 내에서 혁신을 저해하고, 새로운 시도를 막는 요인으로 작용할 수 있다. 따라서 젊은 세대들이 자신들의 아이디어나 제안을 펼칠 기회를 박탈당하게 되며, 이는 갈등의 씨앗이 될 수 있다.

셋째, 세대 차이에 대한 이해 부족도 꼰대의 대표적인 특성 중 하나다. 젊은 세대와의 소통에 어려움을 겪고, 그들의 가치관이나 라이프 스타일을 존중하지 않는 사람들은 세대 간의 단절을 초래한다. 이들은 젊은 세대의 사고방식이나 행동 방식을 이해하려는 노력보다는, 자신의 경험과 관점에서 판단하고 이를 기준으로 젊은 세대를 평가한다. 이때 젊은 세대는 자신들이 인정받지 못하고, 존중받지 못한다고 느끼게 되며, 서로 간의 신뢰가 무너지고, 효과적인 소통이 어려워진다.[17]

결론적으로, '꼰대'라는 표현은 권위주의적이고, 변화에 둔감하며, 세대 차이를 이해하지 못하는 태도를 가진 사람들을 가리키며, 이에 따라 조직 내에서 갈등을 일으키는 원인이 된다. 조직 내 갈등은 단순히 개인의 문제로 그치지 않고, 조직 전체의 분위기와 성과에 부정적인 영향을 미칠 수 있다.[18] 특히, 조직 내 서로 다른 세대가 공존하는 상황에서는 더욱 큰 문제로 대두될 수 있으며, 세대 간의 갈등을 심화시키는 요인이 될 수 있다. 따라서 스스로 '꼰대스러움'을 느끼는 사람들은 자신의 권위와 경험을 바탕으로 리더십을 유지하려는 의도일지라도, 그 결과는 오히려 젊은 세대의 창의성과 동기를 떨어뜨리고, 조직의 혁신을 저해하는 방향으로 흐를 수 있음을 경계해야 한다.

2
꼰대라는 용어의 시작

'꼰대'라는 용어의 어원은 명확하지 않지만, 세 가지 유력한 추측이 있다.

첫째, '고데기'에서 유래했다는 설이 있다. '고데기'는 속어로, '선생'이나 '고참'을 뜻하는 일본어에서 파생된 말로 보인다는 설이다. 이 단어가 한국어로 변형되면서 권위적인 태도를 가진 윗사람을 지칭하는 '꼰대'라는 표현으로 발전했다는 견해다.

둘째, 프랑스어에서 유래했다는 설도 있다. '꼰대'는 프랑스어로 백작을 의미하는 '꽁테'(comte)에서 비롯되었고, 일본식 발음이 '꼰대'로 변형되었다는 주장이 있다. 일제 강점기 시절, 작위를 받은 친일파들이 스스로를 '꼰대'라고 칭하며 우쭐대던 모습에서 유래했다고도 전해진다.

셋째, 사회적 맥락에서의 변화를 통해 이해할 수도 있다. 걸인 집단에서 나이 든 왕초를 비꼬는 은어로 사용되다가, 학생들이 선생님이나 선배, 아버지 등을 낮춰 부르는 말로 변화했다는 설이다. 시간이 흐르면서, '꼰대'는 '선생님'을 지칭하는 비속어로 발전하였고, 또 시간이 지나면서 점차 권위적이고 융통성 없는 사람을 일컫는 말로 변형되었다. 이러한 변화는 한국 사회에서 세대 간 갈등이 심화하면서 가속화되었으며, 특히 직장 내에서 기성세대와 젊은 세대 간의 가치관 차이로 인해 갈등이 빈번해지면서, '꼰대'라는 용어는 세대 간 갈등을 상징하는 단어로 자리 잡게 된다.

즉 '꼰대'라는 용어는 명확한 어원보다는, 여러 문화적·역사적 배경에서 비롯된 다양한 추측을 통해 형성된 것으로 보인다. 오늘날 '꼰대'는 권위적이고 융통성 없는 태도를 가진 사람을 지칭하는 데 주로 사용되며, 세대 간 갈등을 표현하는 중요한 사회적 용어로 자리 잡고 있다.[19][20]

3
꼰대의 역사적 맥락

'꼰대'라는 용어의 기원은 정확히 알기 어렵지만, 한국 사회에서 권위주의와 관련된 배경을 고려할 때 그 용어 사용의 맥락을 이해할 수 있다.

1) 20세기 중반: 권위주의와 사회적 변화

군사 정권 시대: 1960~1980년대 한국의 군사 정권 시기는 권위주의와 상명하복의 문화가 강하게 자리 잡았던 시기다. 이 시기에 사회 전반에서 상급자와 하급자 간의 위계질서가 강화되었고, 연장자나 상사의 권위가 절대적으로 존중되었다. 이러한 분위기 속에서 권위적인 태도는 당연시되었으며, '꼰대'와 같은 용어가 이 시대의 사회적 분위기에서 등장했을 가능성이 크다.[21]

산업화와 경제 성장: 한국이 급속도로 산업화되고 경제 성장을 이룩하는 과정에서, 조직 내에서 경험 많은 선배나 윗사람의 권위를 강조하는 문화가 형성되었다. 이들은 전통적인 방식과 규범을

중시했고, 이에 적응하지 못하는 젊은 세대는 '꼰대'로부터 압박을 받는 상황이 자주 발생했다.

2) 1990년대 이후: 민주화와 세대 갈등의 부각

1990년대 이후, 한국 사회는 급격한 변화를 겪게 된다. 민주화와 정보화의 물결 속에서 세대 간의 가치관 차이가 본격적으로 드러나기 시작한 것이다.

민주화와 개인주의 확산: 1987년 민주화 운동 이후, 한국 사회는 권위주의에서 벗어나 민주주의와 개인주의가 확산되었다. 젊은 세대는 권위적이고 위계적인 구조에 반감을 가지기 시작했으며, 자신들의 목소리를 더욱 적극적으로 내기 시작했다. 이 과정에서 기성세대의 권위적 태도를 비판하기 위해 '꼰대'라는 용어가 빈번하게 사용되기 시작했다.[22]

디지털 시대와 정보 격차: 1990년대 후반부터 2000년대 초반에 이르러 인터넷과 디지털 기술의 발전은 세대 간 정보 격차를 심화시켰다. 젊은 세대는 새로운 기술과 문화에 익숙했지만, 기성세대는 이러한 변화에 적응하는 데 어려움을 겪었고, 기성세대의 구시대적 사고방식과 행동이 '꼰대'로 여겨지기 시작했다.[23]

3) 2000년대 이후: 꼰대의 대중화와 비판적 담론

2000년대 이후, '꼰대'라는 용어는 대중문화와 미디어에서 더욱 널리 사용되며, 세대 간 갈등의 대표적인 상징어로 자리 잡았다.

대중문화와 미디어의 영향: 2000년대 이후, TV 프로그램, 영화, 인터넷 커뮤니티 등에서 '꼰대'라는 용어가 자주 사용되기 시작했다. 예를 들어, 드라마나 예능 프로그램에서 권위적이고 융통성 없는 인물들을 '꼰대'로 묘사하면서 이 용어는 더욱 대중화되었는데, 특히 SNS와 인터넷 커뮤니티의 발달은 '꼰대'라는 용어의 확산에 중요한 역할을 했다.[24]

비판적 담론의 확산: '꼰대'라는 용어는 단순히 특정 인물을 비판하는 것을 넘어, 한국 사회의 고질적인 문제를 지적하는 용어로 자리 잡았다. 세대 간의 차이와 갈등, 권위주의적 문화에 대한 비판이 심화되면서 '꼰대'는 이런 문제들을 상징하는 단어로 사용되고 있다.

4) 현대적 의미의 확립

오늘날, '꼰대'는 단순히 나이 든 사람이나 상급자를 의미하는 것이 아니라, 변화에 적응하지 못하고 자신의 사고방식만을 고집하며, 타인의 의견을 수용하지 않는 태도를 지칭하는 데 사용된다. 이는 세대 간의 갈등을 넘어, 조직문화나 사회적 갈등을 설명하는 중요한 키워드가 되었다.

결국 '꼰대'라는 용어의 사용은 한국 사회의 권위주의적 전통, 세대 간의 가치관 차이, 그리고 민주화와 정보화의 과정에서 형성된 역사적 맥락 속에서 발전해 왔다. 이 용어는 단순히 특정 세대를 비난하는 표현이 아니라, 한국 사회의 구조적 문제와 세대 갈등을 상징하는 중요한 단어로 자리 잡게 되었다.

4
리더가 꼰대로 느껴질 때

리더십 관점

리더십은 조직의 목표 달성을 위해 개인과 팀의 잠재력을 극대화하는 역할을 강조한다. 결정적 순간에 팔로워의 추종이 없다면 리더는 힘을 잃게 된다. 특히 리더가 의사소통이나 권위의 활용에서 미세한 차이로 꼰대가 되는 순간 영향력 발휘는 사라진다. 그래서 리더와 꼰대의 차이는 의사소통 방식과 권위의 활용에 따라 차이가 난다. 리더는 공감과 경청을 바탕으로 팀원의 자율성과 책임감을 키우는 반면, 꼰대는 명령과 강요를 통해 자신의 방식만을 고수하기 때문이다. 세대 간 사고방식의 차이에서 비롯된 갈등을 최소화하기 위해 리더는 유연성과 적응력이 필요하다.[25]

조직관리 관점

조직 내 리더와 꼰대의 역할 차이는 팀 성과와 분위기에 직접적인 영향을 미친다. 리더는 팀워크를 증진시키고, 혁신적인 아이디어를 수용하며, 조직의 변화를 적극적으로 도모하는 반면 꼰대는 기존 관행을 고수하며, 변화에 저항하고, 소통이 단절될 가능성이 크다. 간혹 조직의 허리를 맡고 있는 팀장이나 중간 관리자들이 조직의 보수적 정책과 상사의 고집에 순응할 경우 그들 역시 꼰대처럼 보일 수 있다. 사실 최상층의 임원이나 본부장이야 과거부터 학습되고 체화되어 리더십 형태가 꼰대처럼 나타나도 팔로워들이 감내했다. 그러나 MZ 실무진들과 직접 접촉하고는 있는 중간 관리자의 꼰대화는 조직 내 신뢰와 협업을 약화시키는 원인이 된다.[26]

세대 간 커뮤니케이션 관점

세대 간 커뮤니케이션의 실패는 리더와 꼰대를 구분 짓는 주요 요소다. 젊은 세대는 수평적 의사소통과 개인 존중을 중시하지만, 나이 많은 세대는 종종 수직적 의사소통과 위계질서를 강조한다. 리더는 다양한 세대의 사고방식을 이해하고, 이들을 연결하는 중재자 역할을 해야 한다. 세대 차이를 이해하지 못하면 갈등이 깊어지고, 조직의 전반적인 분위기가 악화될 수 있다.[27]

다만 젊은 세대 역시 수평적 소통에 대해 이해의 폭을 넓힐 필요는 있다. 그저 상사와 터놓고 이야기하자는 것을 수평적 소통으로 착각하는 경우가 많다. 이는 잘못된 인식이다. 회사의 조직은 협업을 하는 곳이다. 따라서 공동의 목표를 이루기 위한 전략과 전

술 방법의 논의에 있어 가감 없는 대화와 의견 청취를 수평적 소통으로 보아야 한다. 간혹 목표는 부산에 가고자 함인데, 제주도는 어때요? 홍콩은 어때요? 하며, 목표 전체를 흔드는 경우가 있는데 이는 수평적 소통이라 할 수 없다.[28]

항목	리더	꼰대
의사 소통	경청과 공감을 바탕으로 상호작용	일방적 지시와 명령 중심
목표 설정	팀원들과 협의하여 공동 목표 설정	개인의 경험과 방식 강요
변화 순응도	혁신과 변화를 수용	기존 관행 고수, 변화에 대해 저항
권위 사용	겸손하고 권위를 필요할 때만 사용	과도한 권위주의 활용하며 통제
세대 소통	차이를 인정하고 조화를 추구	차이를 무시하고 자신의 방식 고집
성과 평가	팀원들의 의견과 노력 인정	결과만 중시하며 과정을 간과

결국 리더와 꼰대는 근본적으로 조직 발전이라는 공통된 목표를 지향하지만, 방법론에서의 차이가 갈등을 초래한다. 리더십을 발휘하려면 세대 간 사고방식과 가치를 이해하고, 이를 연결하는 다리가 되어야 한다. 꼰대처럼 보이지 않기 위해서는 공감 능력, 소통 스킬, 변화에 대한 열린 태도를 갖추는 것이 중요하다.[29]

그거 있지? 그거… 뭐요?

회사에 입사했을 때 모스 기호나 부호같이 들리는 상사의 명령을 알아듣고 일사불란하게 움직이는 것이 정말 신기했다. 성질 급한 부장님은 항상 "야야 그거 있잖아. 그거. 그거로 하란 말이야."라고 말한다. 그러면 신기하게도 과장님 이하 선배들은 '네'하고 대답했다. 심지어는 술집에 가서도 "그거 주세요."라고 하면 식당 주인은 어김없이 부장이 좋아하는 술과 안주를 내왔다.

그게 뭘까? 이심전심(以心傳心)인가? '말하지 않아도 알아요.'하는 광고 카피처럼 그땐 척하면 척하고 알아들었다. 업무를 함께하면서 내공이 쌓여서 그럴 수도 있었겠지만 서로가 서로의 마음을 챙겼던 것 같다. 그때 그렇게 '그거'가 궁금했던 내가 이제 '그거'를 외치기도 한다. 그런데, "그게 뭡니까?"라는 답이 돌아온다. 상사가 개떡같이 말해도 찰떡같이 알아들어야 한다는 옛날 그때 그 시절의 사고로는 바로 꼰대 낙인이 찍힌다. 요즘 후배들은 "아니 처음부터 찰떡같이 말하면 될 것을 왜 굳이 개떡같이 말해놓고 찰떡같이 알아들으라니 이 무슨 개떡 같은 소리인가?"라고 한다.

말로는 상하 간 커뮤니케이션, 수평적 소통을 이야기하는데, 조직은 늘 소통이 안 된단다. 직장은 자신에게 경제적 독립을 주는 수단이 되었고, 평생직장이란 말은 석기시대 돌도끼 정도로 생각하니 명확하고 정확하지 않으면 알고도 모른척하는 단절과 폐쇄를 확인하게 한다. 과거에 "○○야 놀자." 하면 대문 밖으로 "그래, 지금 나간다."라고 외치던 만남의 경로가 지금은 아파트 단지에 들어서면서 방문목적을 대고, 해당 동 앞에서 호실을 눌러 얼굴을 확인시키고 다시 대문 앞에 가야 만남이 시작되는 경로다. 사회의 폐쇄성을 너무나 당연하게 받아들여서 이제는 이러한 단절이 자연스럽다.

조직에서도 마찬가지다. 상사가 업무지시를 하면서 이 정도면 알겠거니 하고 말하면 바로 반격을 받는다. MZ에겐 '3요'가 존재한다. 무언가 지시를 하면 "저요", "이거요?", "왜요?"하고 질문이 줄을 잇는다. 그 일을 하는 이유와 명분을 충분히 설명하지 않으면, 움직이지 않는다. 꼰대들에게는 쉽지 않다. 어쩌다 "퇴근 후에 회식할까? 단합을 위해서 말이야."라고 하면, 그래도 상사의 제의에 '좋습니다.'라고 대답하는 중간 관리자들과 '꼭 술 먹으면서 단합해야 하나요?' 또는 '일방적 일정인데요. 전 그날 선약이 있습니다.'하는 밀레니얼세대, 그리고 '근무시간도 아닌데요. 사생활 침해입니다.'라고 하는 Z세대가 공존하면서 회식도 쉽지 않다.

흔히 관리자들은 그렇게 이야기한다. 시키지 않아도 알아서 하는 부하가 참 좋다고. 상사의 해외 출장을 앞두고 가는 길이 지루하시니 책이라도 보면서 가시라고 공항 서점에서 그때의 베스트셀러를 손에 들려 드렸더니 무척이나 기뻐하셨다. 나는 배웅 나와 책 사 주는 직원이 없어, 그냥 내가 사고 계산하면서 싱거운 웃음을 지을 뿐이다.

딱딱이가 말랑이에게 창의를 논하다

"야, 넌 왜 그딴 생각을 니 맘대로 하고 그래."
"예? 그냥, 저~ 그게 더 나을 거 같아서요…."
"야, 넌 생각하지 마. 그냥 시키는 것만 해."

회사에 처음 발을 들였을 때만 해도 까다로운 상사들의 일방적 지시에 마음속으로 불만을 품었던 적이 한두 번이 아니었다. 지금 생각하면 그때의 나는 나름대로 '말랑말랑한' 사람이었다. 상사들의 명령을 무작정 따르기보다는 내 방식대로 조금씩 살을 붙여가며 다양한 경험을 하고 싶었다. 상사의 지시대로 직진만 하는 것이 아니라, 골목길로 들어서서 숨은 맛집을 찾아내고, 작은 카페에서 여유를 즐기며 일의 과정을 즐기고 싶었다.

"목적지는 같잖아? 그런데 왜 우리는 똑같은 차를 타고, 똑같은 길을 가고, 똑같은 휴게소에서 식사해야 하는 거지? 다른 길로 가면 더 많은 것을 보고 얻을 수 있을 텐데….”

어느덧 시간은 흘러, 내가 조직을 이끄는 수장이 되어 있었다. 어쩌면 조직의 이치일까? 부서장으로 몇 년을 지나니 꼰대의 모습이 아주 조금씩 그리고 자연스럽게 내 모습과 오버랩되기 시작했다. 지금 나와 한 사무실에서 일하고 있는 MZ세대는 내 아들뻘이다. 그들은 과거에 내가 상상조차 하지 못했던 방식으로 새로운 아이디어를 내놓고, 그들만의 독특한 문화와 행동 방식으로 업무를 진행한다. 이제는 밀레니얼 세대도 신세대라고 부르기엔 어색한 시점이다. X세대인 나도 과거에는 새로운 신세대라고 자부했었지만, 어느덧 뒷방 늙은이처럼 느껴지기 시작했다.

문제는 그들의 아이디어와 방식이 나의 경험에서 벗어날 때마다 내 안의 고집이 고개를 든다는 것이다. 처음엔 그들의 의견을 존중하려고 애쓴다. “한두 번이야 그럴 수 있지.” 생각하면서 넘어가지만, 이게 반복되면 나도 모르게 내 속에 자리 잡은 꼰대 정신이 작동하기 시작한다. 결국 나도 모르게 그들에게 무작정 명령을 내리는 상사로 변해버린다. 팀원들이 성토하듯 내게 반발한 적도 있었다. 왜 이사님은 늘 자기가 맞다고 생각하느냐고. 그 순간 나는 내 안의 화끈함을 느꼈다. 내가 경멸했던 상사의 모습이 내 안에 그대로 자리 잡고 있었다는 사실을 느꼈기 때문이다.

한때는 청년 정신으로 무장했던 내가 이제는 새로운 세대 앞에서 꼰대 정신만 발휘하고 있는 꼴이니, 이보다 더 아이러니한 일이 있을까? 팀원들에게 창의력을 발휘하라고 독려하면서도, 그들의 행동이 내 기준에서 벗어나면 곧바로 '다시'를 외치는 나였다. 그 모습은 마치 정과 망치를 들고 팀원들의 아이디어를 모조리 두드려 다듬으려는 모습과 다를 바 없었다.

부끄럽고 우스꽝스럽다. 25년 전, 나는 꼰대가 되지 않겠다고 다짐하면서 하루하루를 보냈다. 그런데 어느 순간, 내가 그토록 경멸했던 꼰대의 모습이 내 안에 자리 잡고 있었다. 리더와 꼰대의 경계에서 위태롭게 서 있음을 느낀다. 조직의 발전과 지속 가능한 성장을 위해 리더십을 발휘하고 싶다. 젊은 시절, 나는 신세대였고, 혁신적이었고, 창의적이었지만 이제 말랑말랑했던 그때의 나와는 달리 딱딱하게 굳어버린 나를 발견하게 된다. 리더에게는 늘 꼰대라는 그림자가 함께 하는 것 같다. 말랑말랑한 팀원들에게 창의력을 이야기하고 있는 내 모습을 보면, 과거 나에게 창의력을 강요했던 상사의 모습이 데칼코마니처럼 겹친다.

책상이 커졌다

"20여 년 근무하니 책상이 커졌는데, 이젠 자리가 없어진다네."

처음 회사에 입사했을 때, 의자의 등받이가 수직이고 각졌던 철제 책상을 썼다. 겨울에 입사해서인지 전해오는 느낌이 매우 차가웠던 것으로 기억된다. 그 책상의 날카로운 모서리가 내 양복바지를 찢어먹고, 짜깁기를 하고 하는 일이 최소 다섯 번 정도 지나서야 시스템 가구로 변했다. 그리고 크기가 거의 변하지 않던 그 책상이 20여 년이 지나서 커졌다.

지난주 내가 자리를 비운 사이 부서원들의 분주한 움직임이 있었는지 자리가 텅 비어있었다. '책상이 빠지나!' 하고 내심 덜컥했지만, "이사님 책상 이사 온답니다."하는 막내의 언어유희에 싱긋하고 미소를 지었다. 그동안 승진을 하며 몇몇 직책을 맡았지만, 책상이 커지는 것은 이번이 처음이다. 일을 더 많이 하라는 것임을 알고 있다. 그리고 또 하나 들어올 때는 왁자지껄하지만 빠질 때는 조용할 것임을 나는 본능적으로 느꼈다.

상장기업의 임원이 된다는 것, 아마도 월급쟁이의 목표일지도 모르겠다. 아니 내심 누구나 다 같은 목표로 묵묵히 최선을 다하고 있다. 내가 언젠가는 갑이 되는 날을 꿈꾸고, 내가 언젠가는 의사 결정에 참여하는 모습을 그리며 말이다. 그런데 막상 임원이 되고 나니 그리 행복한 것만은 아니다. 10여 년 전 새로 산 플래너에 나는 2018년 임원이 되겠다고 목표를 적었다. 그래서 직원들이 꿈을 꾸고, 그 꿈을 이루는 데, 최고의 조력자가 되겠다고, 꿈 전도사가 되겠다고 했다. 그리고 딱 10년이 지난 2018년에 그 꿈이 이루어졌다. 그런데 조금은 내 옷이 아닌 듯 불편하고, 또 작은 잘못과 실수도 용납되지 않는다는 막중한 책임감에 심장근육이 달궈진 고기 판의 염통처럼 쫄깃해진다.

책상이 커지니 물건과 서류를 넣을 공간이 많아졌다. 저 속에 무엇을 담아야 할까? 하고 찬 바람 쌩쌩 부는 겨울 오후의 사색이 낯설다. 임원이 되면 높아지는 칸막이로 약간의 비밀도 보장되니 비밀스러운 문서와 장부가 들어갈까, 아니면 새로운 지식과 업무 영역이 확대될까? 물론 후자다. 자리가 사람을 만든다고 했지만, 요즘은 자리가 사람을 어렵고 바쁘게 만든다고 한다. 그럼에도 불구하고 나는 확장된 업무와 성과로 저 빈 서랍들을 채워나가야 한다. 그 방법은 과거나 지금이나 시간 관리가 답인 듯했다. 제아무리 시간 관리를 잘한다고 한들, 쏟아지는 정보와 처리해야 할 업무에 저녁이면 녹초가 된다. 몇 년 전만 해도 체력이 버텨줘서 저녁에 술도 마시고 노래방도 갔었다. 지금은 어림도 없는 소리다. 정말 술은 밤 10시까지다. 그 이후까지 계속되면 다음 날은 송장이 된다. 언제나 영혼은 23세에서 멈춘 시계 같다. 그러나 내 몸뚱이는 왜 선배들이 무릎이 아프다고 했는지 알게 했고, 지하철 문이 열리면 가방을 먼저 던지는 중년의 아주머니 마음을 이제는 같이 느낀다.

체력에 맞지 않는 무겁고 큰 책상 앞에 앉아 오늘도 나는 뭔가 묵묵히 열심히 하고 있다. 이것이 대단한 합성 과정을 거쳐 '짠'하고 성과로 나와야 내 몫을 하는 것이다. 임원은 부리부리 박사가 아니다. 요것 저것 넣어 '펑'하면 새로운 물건을 만들어 내는 것은 아톰을 만든 부리부리 박사만이 하는 일이다. 다행이다, 요즘 MZ세대는 부리부리 박사를 몰라서. 한 부서에 없던 임원이 생기면, 직원들은 뭐든 고민이 해결될 것으로, 의사결정이 빨라질 것으로 생각한다. 그런 직원들의 고민 해결을 위해 책상과 서랍이 그들의 요구사항과 고민으로 채워지기 시작하면, 그것은 곧 과부하의 동티가 난다.

이런 생각으로 5년이 지나자, 자리가 없어진다고 한다. 사옥을 새로 올리고, 이제는 임원도 고위급이 아니면, 방도 없고 책상 크기도 같고, 내 자리가 없는 자유석이라고 한다. 세상이 참 많이도 변했다. 또다시 적응해야 하나? 애써 적응하지 않아도 익숙해지기 전에 나갈 수도 있을 것 같다. 쓴웃음이 나왔다.

본전 생각

"으으으, 아이쿠야." 아침이면 좀비처럼 일어나며 입에서 나오는 소리다. 뻐근한 몸이 물먹은 스펀지처럼 무겁다. 언제부턴가 아침에 일어나기가 힘들어짐을 그저 반백을 넘게 써온 몸이 이젠 내구성을 다했다는 생각에 대수롭지 않게 넘겼다. 그런데 여기저기 쑤시고, 심지어는 팔을 들기도 어려운 지경에 이르고서야 이게 병인가 싶었다.

20대부터 꾸준히 운동을 해왔고 나름 건강했다고 자부했는데, 전형적인 아저씨 몸매로 바뀌어 가는 내 모습을 보며 곰돌이 푸가 생각났다. 수영, 자전거, 등산, 축구, 배드민턴 등 50대 치고는 꽤 많은 운동을 했지만, 불어난 체중 탓인지 무릎, 어깨, 팔 등 곳곳이 쑤셨다. 앉았다 일어설 때면 무릎에서 '뚝' 소리가 나고, '아이고' 소리가 자동으로 나올 때면 한숨이 절로 나왔다.

휴식이 좀 필요하다고 느끼던 시기에 주 52시간제라는 국가 정책이 제도화되면서 내 삶에 변화가 찾아왔다. 직장 생활 25년, 그동안 사용한 연차 휴가를 꼽아보니 약 20일 남짓 되는 것 같다. 1년에 겨우 하루 정도 연차를 사용한 것이다. 연차 수당? 생각할 수 없었다. IMF 경제위기로 나라가 부도난다는 소리가 들려오던 시절, 수당은 꿈도 꾸지 못했고, 그저 월급이 나오기만 해도 감사할 따름이었다. 그렇게 직장 생활을 당연하게 여겼고, 야근은 물론 주말 근무도 조직의 발전을 위해 감내해야 할 덕목으로 여겨왔다.

이제는 상황이 달라졌다. 직장 생활 10년이면 연차가 20일 정도가 되고 당연히 다 사용해야 한다. 사용하지 않으면 수당이 지급된다. IMF와 금융위기를 오롯이 겪으며 살아온 내 입장에서 보면, 현재 이곳은 직장 낙원이다. 꿈의 직장이다. 이미 9 to 6 는 일상이 되었다. 하지만 25년 된 나에게 출근 시간은 언제나 아침 7시 30분이었다. 그 시간을 넘겨 출근하면 내가 정한 기준에 지각이란 생각이었고, 일찍 출근하는 것이 정보를 독식한다는 이상한 논리에 빠져 그렇게 살아왔다. 그런데 직원들의 컴퓨터는 9시에 켜지고, 6시면 꺼진다. 완전히 대변화가 일어난 것을 보며 본전 생각이 났다. "나 때는 안 그랬는데," 하며 속으로 중얼거리게 되니….

강력한 제도가 시행되면서 직원들이 6시에 퇴근하면, 나는 멍하니 앉아 '뭐 할 게 없나?' 하고 주변을 둘러본다. 그러다 이내 전화를 돌리고, 메신저를 주고받다가 술 약속을 잡는다. 그렇게 한 달이 지나자 '이건 아닌데….' 하는 생각이 들었다. 저녁이 있는 삶, 그 시간이 주어졌는데 할 일이 없다는 것은 시간 관리를 누구보다 잘한다고 자부하던 나에게는 스스로 용납되지 않는 일이었다.

그날도 그런 생각을 하며, 막히는 서울의 퇴근길을 운전하고 있었다. 저녁 8시 이후에나 퇴근하던 내가 6시 30분쯤 퇴근을 하니 길은 매우 혼잡했고, 특히 병목 구간을 만나면 그야말로 거북이 신세였다. 막히는 차 안에서 한참을 있다가 문득 차창 밖으로 눈을 돌렸는데, 옆 건물에 '뉴욕 피트니스 단체 PT(Personal Training) 1회 1만 원'이라는 광고 문구가 눈에 들어왔다. 그것을 본 순간, 마치 무엇에 홀린 듯 핸들을 돌려 건물 주차장으로 진입했다.

드디어 다음 날 저녁 첫 PT를 시작했다. "오늘은 등 운동을 하겠습니다." "하나, 둘,… 자 마지막." 마지막은 왜 그리 힘이 드는지. 그렇게 안 쓰던 근육을 1시간 동안 사용하고 나니 등에 고무줄이라도 들어간 것처럼 등짝이 탱탱하게 긴장되었다. 그러면서도 나를 지도하는 트레이너의 몸을 힐끔거리며 쳐다봤다. 내 아들보다 한두 살 정도 더 많을까. 녀석 아주 탄탄해 보인다. 그리고 나에게 "아주 잘하십니다. 세 개만 더."하며 약을 주고 다시 병을 준다. 마음속 전투력이 상승해야 하는데, 녀석의 몸을 보면 쪼그라든다. 이미 20대의 몸이 아니니 말이다. 하지만 뭔가 일을 내고 싶다.

뭔가 일을 내는 것은, 몸이 아프지 않게 하는 것, 몸무게를 5kg 빼고 체지방을 20% 이하로 낮추는 것, 다섯 시간 정도의 강의가 힘들지 않게 하는 것, 허리 32인치로 유지하는 것 등이다. 이제 이

틀 했다. 쳐졌던 몸이 바짝 선다는 것은 근육에 탄력이 생긴다는 신호다. 그리고 등 근육이 아프다는 것은 어제 운동을 열심히 했다는 증거다. 몸은 꼰대지만, 마음은 아직 젊다는 사실을 강조할 필요도 없을 것 같다. 운동을 열심히 해서 '꼰대=아저씨' 몸을 20대의 짱짱한 몸으로 바꾼다면, 꼰대 소리는 조금 더 늦게 들리겠지.

그렇게 6개월 PT와 헬스를 등록한 나는 이제 저녁에 할 일이 생겼다. 퇴근길 막히는 길에서 멍하게 기다리기보다는 90분 운동 후 한가해진 퇴근길을 택하기로 한 것이다. 정말 탁월한 시간 관리다. 시간도 잡고, 건강도 잡고, 다만 7시 PT를 맞추려면 부단히 서둘러야 해서 칼퇴근을 해야 했다. 그렇게 일주일 2회 칼퇴근을 실천하면서 약 3주가 지날 무렵, 주 40시간 근무를 지키며 업무 효율을 높이라는 지시가 내려왔다. 내게 별다른 변화가 있을 것 같지는 않았다. 그런데 문제는 나보다 더 강력한 꼰대의 등장, 변화를 받아들이지 못하는 꼰대가 있다는 사실을 간과했다.

그 꼰대는 능력이 탁월하여 한 살 적은 나이지만 직위는 두 계단 위인 여성 상사였다. 젊어서부터 밤낮 가리지 않고 일하며, 능력을 인정받아 메인 보직에 올랐다. 그런 그녀와 주 40시간제에 관해 이야기를 나누다가 "요즘 저녁에 직원들 다 퇴근하고 나면 자꾸 술 생각만 나고 오히려 나태해지는 것 같아서, 퇴근길에 헬스를 끊어 다니고 있습니다. 그렇게 3주 정도 하니 술도 덜 마시고, 뱃살도 1인치 줄었네요."라고 말했는데, 아뿔싸! 주 40시간을 지켜야 한다고 강조하며 예외를 인정하지 않던 그녀가 "이사님, 인생 너무 즐기시는 거 아닌가요? 적당히 하세요. 6시 30분 전에 나가는 건 좋아 보이지 않네요."라고 싸늘한 일침을 날렸다.

이건 뭐지? 본전 생각? 나는 지금도 7시 30분에 출근한다. 그리고 저녁 6시 20분쯤 퇴근하는 것은 일주일에 두 번이다. 그게 왜 인생 즐기는 걸까? 내가 컨디션을 유지하면서 일에 생산성을 높이면 조직에 훨씬 이익이 될 텐데…. 이런 생각이 드는 순간, '꼰대는 나이순이 아니구나!' 하는 생각도 들었다. 사실 그녀는 직장이 전부인 선택에서 벗어나지 못했다. 나이도 비슷하고, 둘 다 임원인데, 그녀는 여전히 업무가 곧 삶인 사람이었다. 하지만 내가 선택한 6시 이후의 자유로움은 그녀가 선택할 수 없는 시간이었나 보다. 내 시간의 선택이 그녀에게는 선택할 수 없는 시간일 것임을 짐작했지만, 나는 그녀의 그 말을 공감하지 못했다.

그날도 나는 6시 20분에 퇴근을 했다. 그리고 약간은 공격적인 운전을 해서 뉴욕피트니스에 6시 50분에 도착해 운동복을 갈아입고, 7시부터 트레이너의 구령에 맞춰 얼차려를 받았다. "하나 더, 하나 더."를 외치는 20대 트레이너에게 '나도 예전에는 너 같았어'

라고 하고 싶은데, 그러기엔 녀석 몸이 너무 좋아 보였다.

놀랐다! 반가웠다! 당황했다! 섭섭했다! 슬펐다! 변했다!

"이사님, 우리도 회식 좀 하시죠."
"어, 뭐라고?"

솔직히 그 말에 정말 깜짝 놀랐다. 유난히도 무덥던 그해 여름, 내년에 과장이 될 김 대리가 나에게 회식을 제안하다니. 요즘 세상에 누가 회식을 먼저 하자고 하겠나 싶어서 한참 동안 어안이 벙벙했다. 요새는 신문이나 방송에서 회식하자고 직원들에게 말하면 꼰대 소리 듣는다고 해서 한참을 참았었는데, 이렇게 뜻밖에 먼저 제안을 받다니 의외였다.

정말 반가웠다. 내가 신입사원이었을 때는 회식이 기다려졌다. 선배들의 지갑이 열리면서 술도 먹고, 맛있는 음식도 실컷 먹고, 나름의 일탈도 가능했으니까. 그 당시 회식은 선배들과의 소통 창구이기도 했고, 회사 생활의 묘미이기도 했다. 법인카드의 위용으로 우리는 충분하지는 않아도 만족할 만한 술자리와 밥자리를 가질 수 있었고, 직장 동료들과 끈끈한 유대감도 다질 수 있었다. 그렇게 25년이 훌쩍 지나버린 지금, 회식 문화는 많이 변했다. 올해 여름, 팀 활동비가 남았다는 말을 들었을 때만 해도 '회식을 해도 될까?' 싶었는데, 이렇게 김 대리가 먼저 제안하니 참 반가웠다.

조금 당황했다. 주 40시간, 주 52시간 근무제가 자리 잡은 지금은 저녁 6시가 되면 회사가 비어버린다. 말 그대로 직원들이 우르르 회사를 빠져나가 버리는 것이다. 이럴 때 "오늘 저녁이나 같이 하지"라는 말을 해 봤자 공허한 울림일 뿐이다. 상사의 눈치를 볼 필요도 없고, 사소한 일을 부탁하려고 해도 돌아오는 말은 "왜 제가 그걸 해야 하죠?"다. 심지어 근무시간에 옆 사람과의 대화도 직접 하지 않고 메신저로 주고받는다. 간혹 그 메신저가 상사의 뒷담화로 도배되는 건 아닌지 걱정도 된다. 야근을 하자고 말을 꺼냈다가 다음 날 사표를 던지겠다는 직원들의 모습은 이제 놀랍지도 않다. 요즘 직원들, 정말 별나다. 그런데 그들이 같이 술 한잔하자니 몹시 당황스러웠다.

가끔 섭섭했다. 이제는 이런저런 상황들이 너무나도 자연스럽게 벌어지니 받아들여야 한다고 하지만, 가끔은 그들을 담금질이라도 하고 싶다는 생각이 든다. 하지만 그랬다간 나이 먹은 꼰대 소리를 듣는 게 뻔하니 억지로 참는다. 요즘은 '요즘 애들'이라는 단어만 꺼내도 곧장 꼰대 취급을 받는 시대 아닌가. 그런 억눌린 감정들이 점점 쌓이다 보면 한숨과 탄식이 절로 나온다. 그러던 중에 "우린 회식 안 하나요?"라는 김 대리의 말이 들리자마자, 속이 뻥 뚫린 기분이었다. 하지만, 그 기쁨도 잠시였다. 곧바로 김 대리의 진정성을 의심하기 시작했다. '이 녀석, 무슨 속셈이지?' 회식이라는 단어 속에 감춰진 진짜 의미를 파악해야 한다는 생각이 들었다. 혹시 상사 성토대회라도 여는 건 아닐까? 자기들끼리는 이미 다 소통하고 있으니, 상사는 그저 결제만 하고 나가라는 신호일 수도 있지 않나? 아니면 정말로 진심으로 술 한잔하자는 의미일까?

문득 슬퍼졌다. 왜 나는 이렇게 직원의 회식 제안을 의심하고 있는 것일까? 왜 순수한 한마디에도 진정성을 파악하려고 머리를 굴리고 있는 걸까? 마치 그들이 나의 작은 지시나 부탁에 "진심? 레알?" 하고 따지는 것처럼, 나도 그들의 말을 분석하고 있다는 사실이 참 씁쓸했다. 한때는 퇴근 시간이 되기 직전, 선배와 눈만 마주쳐도 자연스럽게 술집에서 만나 대포 한 잔을 기울이던 시절이 있었다. 그런데 이제는 그런 순간조차도 깊게 의심하게 된 내가 참 슬프게 느껴졌다.

변했다. 정말 변했어. 예전에는 아무 의심도 없이 회식 자리에 나가고, 동료들과 함께 시간을 보내는 게 일상이었는데 이제는 그마저도 한 번 더 생각하게 된다. 하지만 그런 변화를 인정하지 않을 수 없다. 만약 김 대리의 말이 정말로 "이사님은 술값만 내고 가세요."라는 의미라면, 그 또한 받아들여야겠지. 나를 그 자리에 불러줬다는 것만으로도 감사할 일 아닐까? 그래, 회식이란 것이 지금의 젊은 세대에게는 더 이상 상사와의 친목을 다지는 자리가 아닐 수도 있다. 그저 부담 없는 자리에서 가볍게 한잔하고, 나중에 부담스럽지 않게 상사와 거리감을 유지하는 방법일지도 모른다는 생각이 스쳤다.

나는 그날, 김 대리를 포함해 시간이 되는 몇몇 팀원들과 회식을 하기로 했다. "그래, 회식 좋지. 다들 준비해라." 모처럼 제안한 회식인 만큼 너무 무겁지 않게, 그들이 원하는 대로 따라가기로 했다. 나도 이제 술값 내줄 날도 얼마 남지 않았다. 이런 순간을 즐길 줄 알아야 하는 법이다. 사실 그게 회식의 진짜 의미일지도 모른다. 팀원들과 함께하는 그 잠깐의 시간, 그리고 그 안에서 잠시나마 느껴지는 교감. 그것이야말로 회식의 진짜 가치 아닐까?

부담스럽지 않게 가벼운 마음으로 가기로 함께 했다. 김 대리도 그리고 다른 직원들도 아마 큰 기대를 하지는 않을 것이다. 그저 함께 시간을 보내고, 한두 마디 대화를 나누고, 그리고 내가 적당히 술값을 내주고 자리를 떠나는 것. 이제는 그런 게 회식의 새로운 방식인 것 같다. 괜찮다, 이제 그걸 받아들이고 즐길 준비가 되어 있다.

리더로의 성장 | 리더가 되기 위한 다양한 성장인자

새로운 리더에게 요구되는 역량

　조직의 리더나 관리자들에게 리더십 교육을 받은 기억이 있냐
고 물으면, 고개를 갸우뚱 한다. 이론적 설명은 어려워하지만 이
미 학습된 내용을 조직원들에게 적용하며, 과거와 다른 리더십 체
계를 세우고 있다.

• • •

    전통적인 조직에서 리더는 지위가 높거나 연장자였다. 리더는 최고의 지식과 경험을 소유한 중앙도서관 같은 기능적 역할을 하였고 공동의 목표라는 전체주의적 관점에서 일사불란한 통솔을 했다. 그런 절대적 권위로 '돌격 앞으로'라고 외치면 조직의 팔로워들은 당연히 목숨 걸고 돌진하겠지 하는 믿음이 있었다. 그런데 언제부턴가 돌격 앞으로의 외침이 공허한 메아리처럼 돌아왔고, 전통적 리더들은 힘을 잃어가고 있었다.

1
리더로의 성장

카리스마적 리더십의 몰락

리더십이 무엇인가? 리더십은 나의 생각과 계획이 팔로워의 실행으로 전환되어 나타나는 것이라 할 수 있다. 리더가 자신의 생각과 계획을 관철 시킨다는 것에는 그것이 올바른 방법이라는 것이 전제되어 있고 그 결과도 좋을 것이란 기대가 있다. 과거 리더는 강력한 지휘권을 가지고 카리스마적 리더십을 발휘했는데, 이제 일부 군대와 같은 조직을 제외하고 여타의 조직에서 카리스마적 리더는 찾아보기 힘들다. 특히 새롭게 부상하는 MZ 팔로워들에게 카리스마적 리더는 고집불통 상사로 인식된다. 과거 '넌 생각하지 말고 시키는 것만 해.'라고 말하며 강력한 지시 명령에 복종했던 팔로워를 기대한다면 오산이다.

학습된 리더십

현재 조직의 리더가 되어 있는 세대는 많은 기업교육 강사에 의해 변혁적 리더십과 상황적 리더십 등 다양한 제목의 리더십 프로그램을 학습 받았다. 교육 현장에서 고위직 학습자들에게 리더십 교육을 받은 기억이 있냐고 물으면, 고개를 갸우뚱 하지만 실제 강의를 하다 보면 이전에 배운 것이 기억난다고 하는 경우가 많다. 그들은 자세한 이론적 설명은 어려워하지만 이미 학습된 내용을 조직원들에게 적용하며, 과거와 다른 리더십 체계를 세우고 있다.

조직의 목표와 가치관을 정립하는 변혁적 리더십을 발휘하고 각각 상황과 상대에 맞춰 리더십을 다양하게 구사하는 상황적 리더십을 조직 내에서 적절히 적용하고 있는데 본인은 그저 숨 쉬듯 그것이 리더십인지 모르고 실행한다. 실제로 아주 정교하지는 않지만, 지속적 교육과 학습의 효과는 전문가들의 눈에는 잘 확인된다. 그들은 자신의 행위나 행동을 자신들은 본인이 타고난 성격과 성질을 통한 관리 능력 정도로 생각한다. 하지만 이미 학습을 통해 성장한 리더의 모습임을 스스로 인지하지 못할 뿐이다.

MZ 리더의 대두

MZ세대는 인터넷과 스마트폰이 일상화된 환경에서 거부감 없이 디지털 문명에 적응했다. 그들의 컨버전 능력이 이전 세대에 비해 월등한 것은 이미 이러한 디지털 환경에서 업그레이드의 익숙함에서 성장했기 때문일 수 있다. 각종 디지털 디바이스는 그들에게 친구였고, 언제나 자신의 궁금증과 고민을 해결하는 알라딘의 지니와 같은 존재였다. 그런 MZ세대에게 과연 전체주의를 위한 리더십이 제 기능을 할 것인가? 몇몇은 상사가 생각하는 훌륭한 팔로워로 성장하는 경우도 있지만 대체로 그들은 다른 족속처럼 인식된다. 그 이유는 중간관리자인 팀장들은 돌격 앞으로의 외침에 갈지 말지 하면서도 그쪽을 향해 보고 있지만 MZ들은 우리 팀이 어떻게 움직이나 관찰하며 더 좋은 방법이 없을까를 고민한다.

새롭게 성장하는 MZ세대 리더는 새로운 조직문화를 요구한다. 위계적인 충성 모델은 빠르게 성장하는 시장과 환경에서 사라지고 있으며, 이러한 환경에서 MZ세대는 수평적 의사소통과 동료와 협업하는 팀워크를 선호한다. 그들의 창의적 문제 해결 능력은 협업에 그 능력이 발휘되며 원활한 의사소통을 통한 교환적 리더십을 요구하기도 한다. 특히 그들은 애매모호한 추측이나 가정에 동의하지 않고 데이터 기반의 정확성을 요구한다. 그래서 MZ 세대 새로운 리더의 등장은 이제 낯설지 않다. 이미 현대 조직은 에자일조직으로 변화되어 프로젝트별로 재구성되었고 팀장의 연공서열이 파괴되면서 Z세대 프로젝트 팀장의 출연도 어색하지 않기 때문이다.

2
리더가 되기 위한 다양한 성장인자

사회적 학습 이론(Social Learning Theory), 비공식 학습(Informal Learning)

교수자와 학습자 그리고 교육장이 갖추어진 곳에서의 교육과 일터에서의 교육 중 어느 쪽이 효과가 더 클까? 이러한 질문을 받으면 대부분의 교수자들은 일터 교육을 강조한다. 업무 중 관찰되는 상사의 행동, 생각, 그리고 삶과 일을 대하는 태도는 팔로워에게는 최고의 학습이다. 때론 일터가 아닌 업무가 끝난 후 술자리와 식사 자리 등 조직 내 비공식적 자리도 교육의 장으로 기능한다. 특히 선배들이 후배들에게 지식과 경험을 전달하는 과정에서 사회적 학습이 이루어지고 그 자리는 꼭 교육장이 아닐 경우가 많다는 것이다. 반두라(Bandura)의 사회적 학습 이론(Social Learning Theory)은 관찰과 모방을 통해 학습이 이루어진다고 설명한다.[30] 선배들의 행동과 태도를 후배들이 관찰하고 이를 모방함으로써 조직문화가 형성되는데, 특히 비공식 학습은 직장 내에서 업무와 연관되지 않는 자리나 대화에서 이루어지는 학습을 말한다. 마르

식과 왓킨스(Marsick & Watkins)는 비공식 학습이 일상적 경험을 통해 자발적으로 이루어지며, 조직 내에서의 상호작용, 멘토링, 관찰을 통해 개인의 역량과 지식을 확장하는 중요한 수단이라고 했다.[31]

코칭과 자기주도 학습(Coaching & Self-Directed Learning)

상사와의 상호작용은 일방적인 지시와 명령보다는 상호 이해와 지원이 중요하다. 효과적인 코칭이 이루어지지 않을 경우 갈등이 깊어지는데, 원치 않는 코칭이 자칫 잔소리와 강요로 받아들여지기도 한다. 코칭 이론(Coaching Theory)은 개인의 자기주도 학습을 지원하고, 목표 설정과 피드백을 통해 성장과 발전을 도모하는 접근법을 강조한다. 자기주도 학습이 전제되지 않은 일방적 코칭은 세대를 막론하고 간섭과 잔소리다. 즉 코칭과 멘토링은 팔로워가 자신의 발전적 성장을 위해 노력함을 전제로 리더가 구성원의 개인적, 직업적 성장에 도움을 주는 중요한 역할을 한다. MZ세대는 작은 차이지만 멘토링보다는 코칭을 선호하는 경향이 있다. 코칭은 더 구체적인 목표를 가지고 있으며, 멘토링은 주로 경험을 기반으로 한 비공식적 조언과 지원으로 이루어진다.[32] 이는 MZ세대의 개인주의적 성향에 따라 사생활 간섭에 대한 방어적 기재가 존재하기 때문으로 풀이된다. 따라서 공식적이고 목표 기반의 코칭에 그들은 좀 더 호의적이다.

세대 간 커뮤니케이션과 갈등 관리(Intergenerational Communication & Conflict Management), 조직 내 심리적 안전감(Psychological Safety)

앞서 언급한 바와 같이 조직 내에서 다양한 세대가 공존하기 때문에 언제나 갈등 상황이 발생할 수 있다. 서로 간의 이해가 필요하지만 일을 하다 보면 강력한 추진력을 요구할 때가 있고 이때 조직원의 방향성 이탈은 리더에게 매우 불편한 상황이다. 리더가 그 불편을 해소하기 위해 원치 않는 코칭을 하면 이는 갈등이 생긴다. 그래서 세대 이론(Generational Theory)은 각 세대가 가지는 고유한 가치관과 커뮤니케이션 스타일을 이해하고, 이를 바탕으로 효과적인 갈등 관리를 할 필요가 있다고 주장한다.[33] 특히 에이미 에드먼슨(Amy Edmondson)이 제안한 심리적 안전감이란 개념은 구성원이 조직 내에서 자신의 의견을 자유롭게 표현할 수 있고, 실수를 두려워하지 않는 환경이 조직 학습과 혁신에 필수적이라고 강조한다.[34] 팀원들의 술자리를 회피하고 근무시간 이후에 동행을 요구하는 리더에게 거부감을 표현하는 것은 리더가 이들에게 심리적 안전감을 충분히 제공하지 못했을 가능성이 크다고 볼 수 있다. 이들이 솔직하게 의견을 표현하고 상사와의 교류를 망설이지 않도록 심리적 안전감을 높이는 리더십이 필요하다.

자기결정 이론(Self-Determination Theory)

상사와의 동석 회의를 거부할 수 있을까? 전체주의적 기업 문화에 익숙했던 현재의 임원이나 경영진에게는 매우 낯선 일이다. 그러나 합의되지 않은 갑작스러운 출장과 자신의 지위를 빛내기 위한 술상무 같은 동석에 요구에 대해 MZ세대는 주저하지 않고 거부권을 행사한다. 실제로 근무시간 외 출장과 관계성 향상을 위한 동석 요구에 대한 거부는 종종 볼 수 있는 현상이고 그것은 자율성의 표현으로 볼 수 있다. 조직 내에서 자율성을 존중받지 못한다면, 그들은 업무에 대한 내재적 동기를 잃을 수 있다. 특히 리더는 구성원들이 자율적으로 학습하고 성장할 수 있도록 유도할 필요가 있는데, 데시(Deci)와 라이언(Ryan)의 자기결정 이론은 인간이 자율성, 유능감, 관계성을 충족시킬 때 가장 동기부여가 잘 이루어진다고 주장하고 있다. 이때 자율성은 구성원이 스스로 선택하고 결정할 수 있을 때 동기가 강화되는 핵심 요소다.[35]

3
새로운 리더에 요구되는 역량

MZ세대가 리더로 성장하기 위한 필요 역량은 무엇일까? MZ세대가 리더가 되었다고 해서 과거 리더에게 요구되었던 전통적인 역량이 크게 변하지는 않았다. 그들도 리더가 되면 조직을 움직여야 하고 그것은 곧 개인적 다양성이 보장되면서도 조직의 목표에 일치하는 사고와 행동의 강화를 요구하기 때문이다. 다만 디지털 역량은 그 어떤 세대보다 중요하게 인식되고 있다.

공감과 커뮤니케이션 역량

다양한 세대와의 소통 능력은 필수다. 디지털 친화적 환경에서 자라난 MZ세대는 기술 활용이 강점이지만, 인간적인 공감 능력을 바탕으로 다양한 배경과 의견을 가진 구성원들을 이해하고 조율하는 능력이 필요하다. 그들이 기계적이고 데이터의 컨버전에 익숙해 팀원의 성과를 단순히 데이터로만 평가한다면 매우 건조한 업무환경이 되고 이는 결국 인간적 갈등에 직면하게 된다. 결국 사람이 하는 일에 있어서는 동기와 감정을 이해하며 피드백을 제공하는 커뮤니케이션 능력이 요구된다.

문제 해결 및 의사결정 역량

현대 조직은 VUCA시대를 강력하게 경험하고 있다. 변화의 속도가 빠르고 다양하게 전개되는 변동성이 큰 사회, 변수가 많고 예측이 어려운 불확실성의 환경, 다양한 변수와 관계에서 서로의 요인이 영향을 미치는 복잡한 관계, 그리고 전례가 없어 판별하고 해석이 어려운 모호성을 통칭해 VUCA시대 라고 한다.[36][37]

이러한 시대를 살아야 하고 조직의 리더로 성장하는 신세대 리더들은 빠르게 변화하는 환경 속에서 복잡한 문제를 체계적으로 분석하고 해결하는 능력이 필요하다. 이를 위해 데이터 기반의 사고(Data-driven Thinking)를 강화하면서도 창의적이고 민첩한 사고방식(Agile Thinking)을 결합하는 역량은 필수다.

MZ세대의 데이터 분석력은 뛰어나지만, 사항별 코딩에 있어서는 경험치의 부족이 발생한다. 위기 상황에서 데이터를 활용해 해결책을 제시하되, 팀원들의 아이디어를 반영해야 한다. 특히 유연한 전략 수립과 경험 등 예측 가능한 상사의 통찰을 컨버전하는 소통과 통합의 힘을 길러야 한다.

자기관리(Self-leadership)

리더로서 자기 주도성을 갖고 학습과 성장을 지속하며, 업무와 개인 삶의 균형을 조율하는 역량은 시대를 막론하고 일관성을 갖는다. 자기 인식(Self-awareness)을 통해 자신의 강점과 약점을 파악하고, 이를 개선하려는 노력이 중요하다는 말이다. MZ세대가 지나온 리더를 꼰대로 치부하며 부정하는 경향이 있지만 그들의 자기관리 경험과 성장을 위한 노력은 인정해야 하는 이유다.

특히 셀프 리더십은 내적 동기를 스스로 강화하는 것으로 보상이 없더라도, 의무감으로 해야 하는 일마저도 리딩하는 것이다. 즉높은 자기 목표를 통해 에너지를 집중하는 인내력과 내적보상으로 자기효능감을 높이는 것이다. 셀프리더십이 중요한 이유는 스스로 자신의 리더가 되지 않으면 그 어떤 리더도 될 수 없기 때문이고, 리더로서 실패하는 대부분은 스스로 셀프리더가 되어야 함을 인지하지 못하기 때문이다.[38]

포용적 리더십(Inclusive Leadership)

포용적 리더십은 구성원의 다양성을 존중하고, 모든 사람이 소속감을 느끼며 잠재력을 최대한 발휘할 수 있도록 환경을 조성하는 리더십 스타일이다. 포용적 리더는 각 개인의 차이를 이해하고, 이를 조직의 강점으로 전환하는 데 초점을 둔다. 이러한 포용적 리더가 되기 위해서는 구성원의 감정과 관점을 이해하며, 진정성 있는 관심을 보여주는 공감 능력과 문화적 배경, 생각의 차이를 인정하고, 조화로운 협력을 끌어낼 수 있는 다양성을 존중할 수 있어야 한다. 또한 구성원이 의견을 제시할 수 있도록 심리적 안전감을 제공해 참여와 협력을 유도하고 개인의 성장이 조직의 성장으로 이어지도록 유도해야 한다.

디지털 및 기술 활용 역량

MZ세대의 디지털 활용 능력은 그 어떤 세대보다 뛰어나다. 단순히 기술을 이해하는 것을 넘어, 리더로서 조직의 성과를 증진하는 전략적 사고가 필요한데 디지털 기술 활용과 효과를 극대화하기 위한 학습 전략은 다음과 같다.

목표 중심의 학습 계획 수립

학습을 시작하기 전에 구체적인 학습 목표를 설정하여 집중도를 높이는 것이 중요하다. 교육콘텐츠는 이미 디지털 환경에 넘쳐난다. 예를 들어 "이번 주에 갈등 관리 리더십 수강하고, 이를 팀미팅에서 활용해보겠다."와 같은 구체적 계획이 필요하다. 학습이 구체적 목표를 상실할 경우 그것은 Shorts와 같은 짧은 영상의 노출에 불과하다.

짧고 집중적인 실시간 적용 학습 세션 활용

MZ세대는 짧고 간결한 학습 콘텐츠에 익숙하므로 10~15분 단위의 마이크로 러닝(Micro-learning) 세션을 활용하는 것도 방법이다. 특히 직무교육에 있어서는 단위별 학습 콘텐츠를 제작 하루 15분씩 링크드인 러닝(Linkedin Learning) 강의를 시청하고 주요 내용을 메모하거나 팀과 공유하는 활동이 필요하다. 또 이들 학습은 실질적으로 직무와 연관성이 있어야 지속적인 동기가 생긴다. 즉 학습 후 바로 업무 현장에서 적용해야 관심과 학습수용도가 높아질 가능성이 크고, 이를 통해 자연스럽게 커뮤니케이션 향상도 가져올 수 있다.

팀원과 학습 공유

학습은 혼자 하는 것보다 상호 학습이 더욱 시너지 효과를 발휘한다. 학습한 내용을 팀원과 공유하거나 실천 과제를 만들어 피드백을 받는 과정이 필요하다. 상호 피드백이 왕성할수록 학습효과는 배가되는 경향이 있다. 특히 지속적 기억과 체화라는 측면에서 상호 공동 학습은 매우 중요한 역할을 한다.

게이미피케이션 활용

학습 과정에서 보상 체계를 도입하거나 경쟁 요소를 추가하면 학습의 몰입도를 높일 수 있다. 학습이 필요한 조직원들은 바쁘다 거나, 온라인상에 정보가 있으니 나중에 찾아보겠다고 하는 등 절 대로 학습하지 않으려는 여러 가지 이유를 나열한다. 이러한 학습 자의 이중성을 완화해 자연스럽게 학습의 장으로 오도록 하는 것 은 게이미피케이션이 효과적이다. 학습 플랫폼에서 자연스러운 학습 유도가 쉽지 않은 가치 중심 학습 콘텐츠 등에 퀴즈나 인증 배지를 수집하며 성취감을 느낄 수 있는 과정을 개발해 교육 몰입 을 유도하는 것도 방법이다.

새끼 꼰대 전성시대

새로운 팀원이 입사했다. 신입사원은 부서의 활력을 불어넣기도 하고, 때로는 애물단지가 되기도 한다. 다만 그 판단은 최소한 3개월에서 6개월은 두고 봐야 정확히 알 수 있다. 새로 입사한 신입사원은 처음 봤을 때부터 뭔가 남달랐다. 바짓단이 깡총하게 올라가 발목이 훤히 드러난 게 딱 '찰리 채플린'을 연상하게 했다. 그래도 그가 자신의 패션에 얼마나 자부심이 있는지, 언제나 당당한 모습은 보기 좋았다.

'이 녀석, 자신감 하나는 끝내주네.'

복장으로 더 이상 이렇다 저렇다 잔소리 할 시대는 지났다. 나도 한때는 '새로운 세대'라는 이름으로 꽤 자신만만했던 때가 있었는데, 그때는 조직에 도전하는 것으로 본 선배들의 제제가 심했다. 내가 신입사원 시절 갈색 구두를 신고 출근했더니 당시 부장님이 내 발을 꾹 밟으며, "너 저녁에 알바 하냐?" 하며 갈색 구두 금지령을 내렸던 게 기억났다. 그렇게 복장까지 규정 아닌 규정이 있었는데 이제는 시대가 변했다.

예전처럼 신입사원이 들어왔다고 해서 부서가 떠들썩하게 환영식을 해주는 것도 없다. 그냥 소개 한 번 하고 박수 한 번 치고, "잘해보자." 이 한마디로 끝난다. 우리 신입도 어느 정도 예상했는지 별다른 반응도 없었다. 그렇게 며칠이 지나면서 기가 차고, 한편으로는 웃음이 나는 일들을 목격하게 되었다.

신입사원 시절 꽤 패션에 민감했고 누구보다 튀는 양복을 선호했던 4년 차 선배 팀원이 신입사원을 훈계하기 시작한 것이다. 옆에서 보면 갑질이나 다름없는데, 본인은 그게 신입사원 교육이라며 정당성을 부여하는 것이 영락없는 꼰대 짓인데 말이다. 그 모습이 어쩜 그리도 과거 팀장 시절의 내 모습을 쏙 빼닮았는지 말투며, 사용하는 단어들까지, 심지어는 훈계할 때의 표정마저도 흡사하다. 그때만 해도 그 녀석은 나를 구시대 인간문화재라며 내가 자꾸 그러니까 세대 차이가 느껴진다며 투덜거렸었는데, 이제는 본인이 교육이라는 이름으로 꼰대 짓을 하고 있다. "나 땐 말이야…." 이 말이 이제는 그 팀원의 입에서 자연스럽게 튀어나오는 걸 보니, 세월이 참 무섭게 빠르다. 자기 자랑에, 성공담에, 이 정도면 30년 근무한 임원이라고 해도 믿을 법한 태도다. 꼰대, 언제부터 꼰대라고 불러야 하는 걸까? 생각과 사고가 세대 차이로 느껴지면 그게 바로 꼰대인 걸까? 그렇다면 이 시대 젊은 꼰대들의 등장은 또 어떻게 설명해야 할까? 생각이 젊다는 것의 기준은 도대체 무엇일까?

내가 꼰대라는 사실을 인정하기엔 너무도 슬프고, 그렇다고 지금의 나를 보며 자위하듯 "너도 곧 될 거야, 꼰대!"라고 말하는 건 비겁하다. 그런데 가만히 생각해 보면, 꼰대 없는 세상이란 아예 존재하지 않을지도 모른다. 선행 경험을 통한 통찰이 중요하다는 건 알지만, 과거의 성공에 매몰되면 그게 바로 토인비가 말했던 휴브리스다. 그걸 피하려면 통섭이 필요하다고 하는데, 꼰대와 신세대 사이의 통섭, 그 합은 대체 어디에 있을까?

젊은 꼰대들이 리더라는 이름으로 곳곳에서 성장하고 있다. 그들의 모습이 가끔은 재롱처럼 보이다가도, 그들이 앞으로 감내해야 할 갈등 상황에 마음이 쓰이는 것은 내가 이미 리더와 꼰대의 그 어디에서 방황하고 있음이다. 그들의 뒷모습에 그려지는 외로움을 이해하는 건, 내가 팀장이 되고 임원이 되면서 비슷한 경험을 했기 때문이다. 늘 베풀다가도 조금만 부족하면 곧바로 비난의 대상이 될 것 같은 그 불안함, 그건 리더라면 누구나 겪어야 하는 무게일지도 모른다. 그래서 지금 신세대 리더들의 리더십 연습에서 그들의 쓸쓸한 그림자를 발견한다.

그럼에도 불구하고 어쩌면 당당한 꼰대들이 있었기에 이 사회가 돌아가는 게 아닐까? 지금의 조직이 돌아가고, 사회가 안정되었다는 사실을 부정할 수 없다. 신입사원 시절, 앞서있던 선배들의 이해 못 할 행동을 비판하면서도, 어쩔 수 없이 그들의 역할을 인정했던 것처럼. 오늘도 나는 이 시대의 당당한 새끼 꼰대들이 신입을 걱정하는 모습에서 안도감을 느낀다.

저는 절대로…

"나는 절대로 그렇게 하지 않을 거야."

봄과 가을이 오면 결혼식 시즌이 찾아온다. 선남선녀들이 결합에 나의 경조비가 꽤 많이 지출되고 모두 축하해준다. 결혼한 지 1년쯤 되면 대부분 2세 소식도 들려온다. 그렇게 함께 축하 인사를 나눌 때면 이미 그들의 삶의 무게 추가 일에서 가정 쪽으로 천천히 옮겨가기 시작했음을 알게 된다.

3년 전에 결혼한 대리가 이미 아들을 낳았고, 이제 두 돌이 지나면서 조금씩 안정되어 가는 듯했다. 하지만 그가 가정과 일 사이의 갈등 상황에 놓일 때마다 가정을 선택하는 모습을 보며, 늘 일이 먼저였던 나를 당황하게 했다. 한창 일할 시기라고 생각했지만, 그에게는 육아라는 무거운 짐이 그저 그의 삶을 가정 쪽으로 이끌어 가는 것이 조금은 딱하기도 하고, 조직 내 일손이 모자라 바쁘게 필요할 때는 섭섭했다. 그런데 본인은 생각이 달랐다. 그는 자신이 항상 일을 선택하고, 자신의 삶을 양보하고 있다고 항변하니 말이다. 언제나 자신은 균형감을 잃지 않고 있다고 주장했는데, 나는 적어도 열 번 중 두 번 정도는 업무 쪽을 선택해야 그 말에 수긍이 될 것 같았다.

하루는 팀원들과 점심을 먹으며 용기를 내어 내 이야기를 꺼냈다. "나 때는 말이야. 아이가 아파도, 부모님이 수술을 해도, 심지어 우리 아들이 태어나던 날에도 출장을 갔었어." 조금은 자랑하듯이, 약간의 허세를 섞어 말했다. 그런데 그 누구도 반응이 없었다. 허망함은 내 몫이었다.

그런데 그때, 나름 의리있다는 조 주임이 "저는 이사님 말씀에 동의합니다. 저는 절대로 일과 가정을 선택할 때 조직을 우선할 겁니다."라고 호기를 부리며 말하는 게 아닌가. 반갑고 고마움에 눈물이 나올 지경이었다. 자신은 일과 가정이 대립하면 열에 일곱은 일을 택할 거라고, 나이 들면 충분히 가정에서 시간을 보낼 수 있으니 긴 인생을 보면 그것이 일과 삶의 균형이라고 열변을 토했다. 그의 대답은 철저히 교육의 효과이며, 상사인 나를 위로하는 것임을 알고 있었지만, 그 말이 어찌나 기쁘던지 낮술이라도 하고 싶은 심정이었다.

그 호기롭던 녀석이 얼마 후 결혼했고, 아이를 낳았다. 딸이다. 매일 같이 딸 사진을 들이밀며, 예쁘지요? 하는 그 녀석. 그래도 녀석의 딸아이가 어찌나 예쁜지 가끔은 "야, 아기 한 번 데리고 와라."라며 아침저녁으로 딸 이야기만 하는 그의 말에 동조했다. 그래, 예쁘겠지. 얼마나 좋겠어. 그 마음이 충분히 이해됐다. 그런데 '저는 절대로…'라고 말끝마다 외치던 그놈이, 아이가 태어나기 3개월 전부터 시작해 출생 3개월이 지난 그때까지 단 한 번도 가정과 육아를 회사에 양보하지 않았다. 나는 물었다. "조 주임아, 너 말이야. 절대로 그러지 않을 거라고 장담하더니, 지난 6개월 동안 선택의 순간마다 가정을 택했던 것 알아?"라고 슬쩍 물어봤다. 그는 대답했다. "앞으로 100일만 더 봐주세요. 그 이후에는 절대로 그러지 않을 겁니다."

그러나 나는 알고 있었다. 이렇게 100일이 지나면 더 이상 가정과 일이 대립하거나 갈등 상황이 되지 않을 것이라는 사실을. 그 선택의 기준은 이미 그의 삶 쪽으로 저만큼 가버려서 생각의 준거가 달라져 있을 것이기 때문이다. 그럼에도 그 녀석은 후배들에게는 꽤 엄격한 선배로 자리 잡아가는 모습이 보였다. 아마도 본인에게 내 말들은 그저 상사의 잔소리로 받아들여졌을 것이고 본인은 그것을 견디고 성장했다고 생각할 것이기 때문이다. 이미 후배들을 대하는 그의 말투에서는 조금씩 리더의 모습이 발견됨은 나쁘지 않은 현상이었다.

20여 년 전, 아들의 유치원 졸업식에 참석하기 위해 한 시간만 일찍 조퇴하겠다고 하니 내 상사는 황당한 얼굴로 나를 쏘아보았고, 결국 나는 아들의 유치원 졸업식에 한 시간이나 늦게 참석하고 말았다. 그때 아들의 실망한 눈빛은 지금도 녀석의 졸업식 사진 속에 고스란히 남아 있다. 팀원들이 일보다 가정을 택하는 데 대해 삐딱한 시선을 가졌던 내 생각이 후회스럽다. 다 때가 있는 법이고, 정도의 차이일 뿐이다. 그들에게는 자신들의 행복을 선택할 권리가 있다. 지나온 선배들은 그들의 선택을 격려하고 응원해야 새로운 변화가 생길 것이다. 특히나 인구가 줄고 있는 마당에 가사에 집중한다는 것은 오히려 박수 쳐 줄 일이다.

'절대로…'라는 말이 공염불임을 알고 있지만 그들의 선택이 그들의 삶을 더 나은 방향으로 이끌어갈 수 있다는 것을 나는 알고 있다. 그들이 나처럼 후회하지 않도록 그들의 선택을 존중하며 지켜보는 것 그리고 가정이 편안해야 직장에서도 안정적으로 일하고 성장하기에 한걸음 물러서 지켜보고 기다린다.

같이 갈래?

"오늘 저녁 이 국장이랑 술 한잔할 건데, 같이 갈 사람 있나?"

"…."

회사 생활을 하다 보면, 일이라는 것이 단지 업무시간에만 이루어지는 것이 아니라는 걸 깨닫게 되는 순간이 있다. 그것을 깨닫는 데는 그리 오랜 시간이 걸리지 않았다. 야근이 일상이던 시절, 저녁 7시가 되면 슬슬 술자리를 위한 신호들이 여기저기서 나타나기 시작했다. 마치 사막에서 고개를 쭉 내밀고 사주 경계를 하는 미어캣처럼 칸막이 위로 머리들이 들쑥날쑥 움직이기 시작한다. 길게 솟은 상사의 눈과 내 눈이 마주치면 어김없이 '우리가 남이가'를 외치며 무언의 술 약속이 잡히고 이내 그를 따라나서야 했다.

그렇게 상사의 사냥감이 된 새끼 미어캣들, 그렇게 우리는 부서장과의 술자리에 하나둘씩 자리를 채웠다. 상사의 맞은편 자리는 누구나 회피하는 자리여서 막내 전용이기 마련이었다. 부서장 위로도 임원이 가끔 참석하면, 그 술자리는 자연스레 업무의 연속이 된다. 그런데 시간이 지나 중간 관리자로 성장하면서 그 술자리의 중요함을 깨달았다.

솔직히 말하면, 참석을 무조건 해야 하는 강요된 술자리였기도 했다. 술이 한 잔씩 오가고 자리가 익어가면 이야기들은 나름의 수준 높은 교육이 되었다. 시대를 조금 앞서 산 선배들의 일장 연설이 끝나면, 그 내용에 관한 질문들이 이어졌고, 질문을 얼마나 열정적이고 논리적으로 하느냐에 따라 똑똑한 후배로 평가받기도 했다.

어쩌다 유명한 기자나 일찍 성공한 사람들과 함께하는 자리라도 생기면, 참석을 원하는 후배들이 같이 가게 해달라고 부탁하기도 했다. 물론 나도 그런 후배 중의 하나였다. 그때 만났던 신문사 국장의 폭 넓은 시사상식과 지식, 시대를 관통하는 통찰력은 살아 있는 학습과 교육이었다. 지금과 달리 그 시절 교육에 노출될 기회가 많지 않았던 것도 사실이지만, 선배들이나 사회적으로 인정받는 사람들의 삶과 지식을 배울 기회는 술자리가 최고의 교육장이었다. 직장 새내기 시절 그토록 그 자리에 동석하고자 줄을 서봤던 꼰대들은 그런 비공식적 술자리 학습을 잘 알고 있다. 그래서 지금도 유명호텔의 아침 조찬회에는 천 명이 넘는 꼰대들이 득실거리고, 저녁 선술집에서는 개똥철학을 읊조리는 모습이 낯설지 않다.

나는 후배들에게 그런 찐 교육의 자리를 만들어 주고 싶었다. 그래서 성공한 신문사 국장과의 술자리를 앞두고 후배들에게 동석을 제안했다.

"오늘 저녁 이 국장이랑 술 한잔할 건데, 같이 갈 사람 있나?"

그때 돌아온 건 마지못해 동행하는 차장급 직원의 건조한 "예"라는 대답뿐이었다. 그 아래의 후배들은 아예 대놓고 "선약이 있습니다."라며 거절했다. SNS에 영혼 없는 '좋아요'를 클릭하는 것이 그들의 관심과 학습의 전부였던가? 나는 절대 그런 말에 동의하지 않는다. 그날 함께 동석한 후배 차장이 돌아오는 택시 안에서 한 말이 기억났다.

"이사님, 각 분야에서 일갈하는 사람을 직접 만나니까 참 배우는 것이 많네요. 다음에 이런 자리 또 생기면 제가 가겠습니다."

스스로 빛나는 별은 없더라!

"김 과장, 고생 많았어. 야~ 김 과장 없었으면 이번 프로젝트는 못 할 뻔했네."
"아닙니다. 팀장님이 다 옆에서 코칭했기 때문에 가능했죠. 감사합니다. 팀장님이 다 하신 거나 마찬가지입니다."
"아 그래. 고마워."

참 훈훈한 대화였다. 하지만 그렇지 않은 경우도 꽤 많았다.

"아 그래, 내가 코칭해서 완료된 거지 안 그래?"
뒷마무리가 이렇게 끝나면 뭔가 찜찜했다.

어린 시절 상사의 공치사가 왜 그렇게 꼴 보기 싫었는지 모르겠
다. 본인이 모든 걸 다 했다는 듯 한껏 어깨에 힘을 주고 팀의 성과
를 자신 때문이라며 치켜세우는 모습이 몹시 불편했다. 나는 속으
로 '잘났어, 정말!'을 수십 번 되뇌면서 겉으로는 "부장님 덕분입니
다."라며 연기했지만, 마음속으로는 비난하고 비웃었다. '그거 내
가 다 했잖아요. 우리가 했잖아요!'라는 말이 목구멍까지 차올랐지
만, 말할 용기는 없었다. 당시에는 그렇게 겉으로 순응하며 넘어가
는 것이 살아가는 방법이었다.

시대가 변했다. 밀레니얼 세대가 입사하고 자기 PR이 중요한
시대가 되었고, Z세대에게 성과 결과는 공정하게 나눠야만 하는
시대가 되었다. 그래서인지 요즘 팀원들의 공치사는 정말 가관이
다. 과거에는 그래도 겉으로나마 상사에게 공을 돌리는 척하며 어
느 정도 리더의 존재를 인정하는 분위기였다. 상사는 그 말을 듣고
기분이 좋아 어깨에 힘을 더 주었고, 우리는 속으로 또 한 번 웃을

수 있었다.

　요즘 팀장들이 가끔 내게 와서 하소연했다. 이제 공치사는 고사하고 팀원들의 기를 살리려고 자신을 한껏 낮추려 애쓴다고 했다. 그것도 모르고 젊은 팀원들은 오히려 자신들의 성과를 더 크게 포장하고, 팀의 성과에 대해서는 자신의 역할 인정을 위해 자기 자랑에 뺑튀기까지 하는 모습을 보게 된다고 목소리를 높였다. 언젠가 팀원들 평가 면담을 할 때 능청스럽게 자기 자랑에 빠지는 팀원들을 보면서 내가 꽤 오글거렸던 때가 생각났다.

　나도 한때 상사의 충고와 조언은 그저 간섭으로 여겨졌고, 잔소리로 들렸다. 내가 이룬 모든 것은 스스로 노력해서, 내 능력으로 해낸 것이라고 자만하며 살았다. 스스로 빛나는 별이 되는 줄 알았다. 하지만 시간이 지나면서 상사의 한마디, 작은 조언, 그때는 그저 거슬리기만 했던 그 충고들이 사실은 나를 성장하게 만든 중요한 연료였다는 것을 알았다. 원 포인트 레슨, 지나가면서 한마디 툭 던지는 것에서 아이디어가 생기고, 꽉 막혔던 무언가가 빠져나가는 경험이 있다. 그냥 내가 다 한 것 같았고, 상사의 말은 무의미해 보였는데, 돌이켜보면, 그 작은 조언 하나하나가 모여 나는 지금의 내가 되어 있었다.

놀라운 건, 나와 크게 다르지 않은 길을 가는 후배들이 지금 내 앞에 있고, 그들이 어느 순간 중간 관리자가 되어 상사의 역할을 하고 있다는 점이다. 그들도 나처럼 내 조언을 간섭으로 여기던 시절도 있었을 것이다. 나는 그들이 성장시간을 기다리면서 때론 당혹스러움도 느꼈고, 때론 괘씸하기도 했다. 하지만 잘 크고 이제는 리더로 한자리하는 모습이 대견하다.

"김 팀장. 야 이거 정말 잘됐네, 고생했어."
"아, 이사님. 그거 이사님 말씀 듣고 조 대리가 했습니다. 조 대리 일 참 잘하는 것 같아요."

이 정도면 많이 발전했다. 아니 청출어람이라고 해야 할 것 같다. 이런 커뮤니케이션 능력들은 어디서 배운 거야? 중간관리이자 팀원들을 이끄는 리더로써 손색이 없다. 내가 그토록 비난했던 상사의 자리에 지금 내가 있는데, 김 팀장은 나와 아래를 기가 막히게 만족시키며 연결한다. 나는 사무실을 가로질러 퇴근하며 한마디 했다.

"조 대리, 잘했어. 고생 많았어."라고….

    MZ세대 리더는 새로운 조직문화를 요구한다. 위계적인 충성
모델은 빠르게 성장하는 시장과 환경에서 사라지고 있으며, 이러
한 환경에서 MZ세대는 수평적 의사소통과 동료와 협업하는 팀워
크를 선호한다.

MZ세대는 춤출 준비가 되어 있다

MZ세대가 일하는 방식 | 디지털 유목민 정착시키기

　　MZ세대가 새로운 리더로서 부상하며 리더십의 패러다임은 변하고 있다. 매우 합리적이고, 공정해야 한다는 것이 그들의 명제인 것은 분명하다. 그래서 그들은 친근하지만 능력 없는 리더보다는 까칠하지만 능력있는 리더를 원한다.

● ● ●

"이걸요? 제가요? 왜요?"

최근 만난 기업의 부장급 또는 중간 관리자들은 MZ세대의 '3요'에 대한 고충을 호소했다. 업무지시에 대한 즉각적인 수행을 기대하는 리더와 달리 MZ세대는 업무수행의 이유를 꼬치꼬치 묻는 통에 애를 먹는다는 것이다. 사실 위기관리 차원의 대응에 관한 것, 또는 사안별로 사전 준비 작업 등은 통찰에 의한 작업 지시가 많아 그 이유를 명확히 설명하기 쉽지 않다. 현재의 리더들은 이런 어려움을 토로하며 자신이 팔로워였을 때 가졌던 로열티는 언감생심 기대도 못 한다고 말했다.

최근 강의 중에 만나는 MZ세대는 합의되지 않은 명령, 계획에 없던 갑작스러운 지시 등에 난색을 표했다. 상사들이 이런 MZ들을 열정이 부족하고, 로열티가 없다고 한숨 쉬지만, 그런 평가에 MZ세대는 전혀 합리적이지 않으며, 조직에 딱히 필요하지 않은 업무지시라고 생각하고 있으니 그 골이 매우 깊어 보인다. 이런 불편한 갈등이 지속된다면 그 조직의 문화는 어떤 결과를 가져올까?

아무리 좋은 제도와 문화를 가지고 있어도 불편한 동거가 지속된다면 세대 간 대립이 고착화되며, 조직 내 관계는 모호해지고, 신뢰는 더욱 위태로워질 것이다. 조직의 목표는 안중에도 없고 서로의 약점을 공격하며, 조직에 대한 불만은 결국 일은 하지만 성과를 기대하기 어려운 조직으로 만들 수 있는 것이다.

2022년 미국의 20대 엔지니어 자이들 플린(Zaidle Ppelin)이 틱톡에서 소개한 신조어 '조용한 사직'(Quiet quitting)이 미국 젊은 세대를 중심으로 화제가 되었다.[39] 조용한 사직은 실제로 직장을 그만두는 것이 아니라 '직장에서 사직은 하지 않지만 주어진 일만 하겠다.'라는 의미를 담고 있다. 즉 '주어진 일 이상을 해야 한다는 생각을 그만두는 것을 말한다.'라는 것이다. 그리고 이러한 현상은 국내 기업에서도 예외는 아니었고, 2023년부터는 종종 목격되었다.

반면 조직 내에는 이 또한 하나의 과정으로 보고 새로운 세대가 잘하는 것을 찾으려 노력하는 리더도 있다. 사실 젊은 세대가 잘하는 것, 그들의 리더십은 어떤 방향으로 성장할까? 하는 궁금함이 늘 존재해 왔다. 이미 업무 능력이나 속도, 정보의 발굴 능력, 컨버전 역량 등은 과거 세대 리더들이 감이 근접할 수 없을 정도로 강력하다. 또 자신의 관심 속으로 업무가 들어오는 순간 상상하기 힘들 정도의 높은 집중력을 보이기도 한다. 그러한 의미에서 리더십의 변화는 이제 큰 변곡점을 맞고 있다.

1
MZ세대는 출출 준비가 되어 있다

세대를 막론하고 인정은 동기부여의 매우 중요한 요인이었다. 인정을 통해 세대의 간극을 좁힐 수는 없는가? 직장에서 '인정'은 거둬들인 결과나 성과에 대한 긍정적인 피드백을 주는 것은 물론 노력을 기울이는 직원들에게 회사가 고마워하고 믿음을 주는 행위까지 포함한다.

글로벌 여론조사 업체 갤럽은 2022년 8월 MZ세대가 X세대나 베이비붐 세대와 비교해 더 많은 인정을 받고 싶어 하는 성향을 보인다고 분석했다. MZ세대는 다른 세대에 비해 기업에서 칭찬을 자주 받을수록 소속감이 강해지고 직장 만족도도 높아진다는 이야기다. 회사가 인정하는 태도를 취하면 자신을 존중한다고 느낄 뿐 아니라 자신의 가치를 높게 평가하고 있다고 느껴 직장에서 더욱 활발하게 업무를 할 가능성이 커진다는 것이다.

설문 결과를 보면 상사에게 '한 달에 최소 여러 차례(at lease a few times a month)' 인정을 받고 싶냐는 질문에 1989년 이후 출생

한 일부 밀레니얼 세대와 Z세대는 78%가 '그렇다'고 답했지만, X세대(1965~1979년 출생)는 55%, 베이비붐 세대(1946~1964년 출생)는 45%만이 같은 답을 했다는 것이다. 동료에게 인정받는 비율 또한 비슷한 양상을 보였다.

베이비붐 세대와 X세대 직장인은 인정받는 것을 진짜로 원하지 않는 것인가? 사실 X세대나 베이비붐 세대는 인정을 원했고, 그렇게 성장했지만 지금 시점에서 이를 스스로 동의한다고 표현하기가 어려울 수 있다. 즉 어느 세대나 칭찬을 받고 싶은 인정 욕구 자체는 있겠으나 이를 받아들이고 누군가 물었을 때 동의하는 경우가 적다는 것이다. 이런 맥락에서 MZ세대를 춤추게 하는 리더의 인정과 칭찬이 부족하다는 이유를 찾을 수 있다.

'칭찬은 고래를 춤추게 한다'라는 켄 블랜차드(Ken Blanchard)[40]의 책이 나온지 20년이 지났고, 이제는 환경운동가들과 관객의 인식 전환으로 범고래의 멋진 쇼를 볼 수는 없다. 그러나 우리는 과거 범고래를 대하는 조련사의 긍정적 태도와 에너지 그리고 칭찬이 범고래의 쇼를 완성했음을 알고 있다. 앞장에서도 언급했지만, MZ세대는 각종 디지털 디바이스를 어릴 때부터 접하고, 즉각적인 보상과 인정에 매우 익숙한 세대다. 그러나 X 세대와 베이비붐 세대는 겸손이 미덕이었고, 나의 공을 타인에 돌려야 인성을 평가받고 리더의 품격을 지녔다고 평가받던 세대다. 조직의 주류가 MZ세대로 넘어가면서 이 가치 기준이 바뀌는 시점이 기대 이상으로 빠르게 다가왔다.

문제는 기업에서 인정받고 있다고 느끼는 MZ세대가 적다는 점이다. 사실 기성세대가 인정과 칭찬을 할 줄 모르는 것도 문제다. 인정과 칭찬이 기업 문화로 정착되면 비용이 절약된다는 많은 연구 결과가 있음에도 조직의 리더인 기성세대는 칭찬과 인정의 말 한마디를 불편해한다. 조용한 사직이 대두되는 이 시점에 다른 세대에 비해 소속감이 낮고 인정 욕구가 강한 이들에게 인정과 칭찬이라는 방법은 번아웃을 달래고 만족감을 줄 수 있는 하나의 방법이 될 수 있다. 특히 조직 경영층의 경험이나 가치, 믿음이 그 기업의 핵심 결정에 큰 영향을 준다. 이는 예산이나 업무환경에 대한 결정권이 있는 경영층이 변해야 함을 강조하며 조직의 문화를 만드는 데도 중요한 역할을 한다고 볼 수 있다. 따라서 이들이 인정과 칭찬에 인색하다면 그 결과를 기대하기는 어렵다.

2
MZ세대가 일하는 방식

새로운 시대의 리더 그룹은 디지털 유목민이다. 일하는 방식의 변화는 모든 세대가 공동으로 경험해 왔다. 과거 베이비붐 세대나 X세대의 경우는 그 방법이 회사의 제도와 방침 등 환경변화라는 타자에 의해 주도되는 변화였다. 반면 MZ세대는 자율적 변화다. 그들은 자신의 시도가 적합한지 또는 이 방법이 맞는지 매우 빠르게 확인한다. 그리고 적합하지 않을 때는 여지 없이 다른 방법을 강구 한다. 그래서 기성세대의 눈에 그들의 변화무쌍함이 거칠게 보이고 불안하다.

MZ세대는 '3요'가 충족되어야 움직인다. 즉 검증 과정의 시작은 목표가 나와 맞는지, 그리고 그 일이 나에게 어떤 영향을 미치는지 합당한 이유와 업무 필요성, 정당성이 납득되어야 움직인다는 것이다. 지시받은 업무의 내용과 목적에 대한 설명, 그 일을 왜 자신이 해야 하는지, 그리고 그 일을 왜 해야 하는지 등에서 명확한 이유를 찾지 못하면 지시를 받아들이지 않는 것이다. 과거의 일방적 지시와 그에 대한 순응이 이제는 당당한 거부 의사로 돌아온다.

멀티태스킹은 기본이다. MZ세대는 태어날 때부터 디지털 환경에 익숙하다. 어린 시절 울거나 보채면 태블릿 PC를 눈앞에 꺼내주던 부모의 보살핌 아래 성장했다. 그래서 디지털 유저로서의 멀티태스킹 능력이 뛰어나며, 다양한 업무를 동시에 수행할 수 있는 역량을 가지고 있다. 그들의 PC 화면에 몇 개의 창이 열려 있는지 보라. 그리고 수시로 넘나들며 멋지게 업무를 수행하는 모습은 마치 주방장이 다양한 코스 요리를 한 순간에 같이 만드는 것과 유사하다. 그들의 귀에는 이어폰이 블루투스로 연결되어 있다. 음악을 들으며 일하는 경우도 있고, 심지어는 온라인 학습을 하며 업무를 한다. 이러한 모습을 보며 의사소통에 문제가 된다고 생각할 수도 있지만, 남에게 방해받지 않으며 능률을 중시하는 MZ세대의 개인주의적 자유로움은 이미 조직의 곳곳에서 목격된다. 이들의 역량을 최대한 발휘할 수 있는 환경을 조성하기 위해 리더는 그들의 특성을 잘 이해하고 환경을 제공해야 한다.

가스라이팅? MZ세대는 지배당하지 않는다. 앞서 언급했듯 상사의 강압적 지시나 순응을 요구함에 있어 그들은 당당하다. 과거에 불만이 있으면 조용히 면담을 요청하고, 부드러운 음성과 자세로 예의를 갖추고 상사에게 고했다. 그런 직장 예절에 익숙한 리더그룹에게 할 말 다 하는 MZ세대의 당돌함은 눈엣가시다. 그러나 그들을 지배하려 한다면 오판이다. 이미 다른 족속이기 때문에 절대로 지배당하지 않기 때문이다. 회의 중 상사의 의견에 반대의견을 개진하지 못하고 눈치만 보던 족속들에게 MZ라는 족속은 대놓고 자신의 기분과 느낀 점을 이야기한다. 그래서 그들의 발언 범위를 목표의 범위로 한정하고 적절히 조정하고 피드백 한다면 매우 긍정적인 효과를 가져올 수 있다.

업무를 양으로 평가하는 시대는 끝났다. MZ세대는 유연하고 자율적인 업무환경을 선호한다. 리더는 재택근무, 유연근무제 등 다양한 근무 형태를 도입하고, 성과에 기반한 평가 시스템을 구축하여 이들이 자율적으로 일할 수 있는 환경을 제공해야 한다.

MZ세대는 전통적인 9 to 6 근무 방식보다 유연근무제를 선호하며, 그러한 시스템 아래서 자율적으로 업무를 선택할 때 업무 만족도가 높아지는 경향이 있다고 했다. 그래서 그들에게 정해진 9 to 6는 오히려 잘 때울 수 있는 시간으로 전락 될 수 있다. 자유로운 출근, 자유로운 장소에서 일하고자 함은 MZ들이 가장 선호하는 근무 방식이다. 이미 자율 출근제를 실시하는 경우도 많고, 불필요한 초과 근무를 줄여 효율성과 생산성에 초점을 맞추는 조직이 늘고 있다. 이러한 조직의 MZ세대는 성과 결과에 쿨하다. 모기업의 4년 정도 다닌 직원이 성과급에 대한 이견을 이메일로 최고경영자에게 보낸 것이 성과급 지급 기준과 제도를 조정하는 결과를 가져온 것이 큰 이슈가 되기도 했다. 즉 성과의 주체가 있음에도 조직의 타성에 젖어 상사의 공으로 결론 지어지는 상황을 MZ들은 불공정하다고 생각하고 매우 직접적으로 대응한다.

MZ세대가 새로운 리더로서 부상하며 리더십의 패러다임은 변하고 있다. 매우 합리적이고, 공정해야 한다는 것이 그들의 명제인 것은 분명하다. 그래서 그들은 친근하지만 능력 없는 리더보다는 까칠하지만 능력있는 리더를 원한다.

"회사가 동호회는 아니잖아요. 회사에 있는 동안 저의 성장이 곧 회사 성장과 연결되고, 성과를 이끌어 주고, 성과 내서 승진시켜 주고 인센티브 받게 해주는 리더가 최고의 리더라고 생각합니다." 는 말에 많은 MZ세대 구성원들은 모두 고개를 끄덕인다.

그들도 조직 목표를 달성해야 한다는 것은 이미 잘 알고 있다. 성과 중심의 문화에서 목표를 달성해 가는 과정에서 직원 개개인의 성장을 소중하게 여기는 리더, 조직이 원하는 것만을 실행하는 것이 아닌 구성원 개개인이 하고 싶은 일을 자율적으로 할 수 있는 기회를 주는 리더, 구성원의 성장과 성공에 관심을 가지고 편하게 코칭과 피드백하는 리더의 모습을 원하는 것이다.

•유연한 근무 환경 : 시간과 장소에 있어 유연성을 선호. 재택 근무, 원격 근무, 플렉시블 근무제 등.

•디지털 네이티브 : 디지털 도구와 플랫폼을 적극 활용-클라 우드 기반의 협업 도구, 커뮤니케이션 앱, 프로젝트 관리 소프 트웨어 등을 능숙하게 사용하며, 정보 공유와 협업에 있어 디 지털 기술의 중요성을 인식.

•자율성과 책임 : 자율적으로 일할 기회를 원하며, 자신의 업 무에 대한 책임을 지고 결과를 도출하는 것을 중시. 마이크로 매니징보다는 자율적인 업무환경을 선호.

•피드백과 성장 : 정기적인 피드백과 새 능력 개발 기회를 중 시하며 개인의 성장과 직무 능력 향상을 위한 교육과 피드백 을 적극적으로 수용하며, 이를 통해 자신의 경로를 개선.

•목표 중심 : 단순히 시간을 보내는 것이 아니라 명확한 목표 와 성과를 중시. 목표 달성을 위한 구체적인 계획과 전략을 세 우며, 결과 중심의 업무 스타일을 가지고 있음.

• **팀워크와 협업** : 협업과 팀워크를 중요하게 생각. 개별 업무보다 팀과의 협력, 아이디어 공유, 팀의 목표 달성을 중시하며, 다양한 의견을 존중하고 통합하는 데 능숙.

• **업무와 삶의 균형** : 일과 삶의 균형을 중시하며, 지나치게 긴 근무시간이나 과도한 업무 스트레스보다는 건강하고 균형 잡힌 삶을 선호하며 일과 삶의 균형(Work-Life Balance)을 중요하게 생각.

• **사회적 가치** : 사회적 책임과 기업의 윤리적 가치에 대해 민감. 기업의 사회적 책임, 환경 보호, 윤리적 경영 등의 가치를 중요하게 여기며, 이러한 가치를 실천하는 기업에 대해 긍정적인 태도.

3
디지털 유목민 정착시키기

실패에 대한 두려움 없이 새로운 시도를 감행하는 도전 정신은 조직의 성장과 변화를 이끌어 내는 중요한 원동력이다. 기존의 방식에서 벗어나 새로운 아이디어를 실험하고 실행할 때 예상치 못한 성과가 나타날 수 있으며, 이는 조직이 고착된 사고방식에서 벗어나 유연한 사고와 창의적 접근을 추구할 수 있도록 한다. 급변하는 비즈니스 환경 속에서 조직은 끊임없이 도전하며 혁신하는데, 디지털 유목민의 새로운 업무처리 방식은 중요한 핵심 자원일 수 있다. 하위 직원의 작은 도전도 지속적인 시도를 통해 성공 경험으로 축적되면 큰 변화를 만들어 내고, 이러한 시도는 조직 전체에 긍정적인 영향을 미친다.

성장성의 자극과 역량개발

성장 마인드셋(Growth Mindset) : 심리학자 캐롤 드웩(Carol Dweck)이 제안한 성장 마인드셋 이론에서 개인의 역량은 학습과 노력에 의해 발전할 수 있다고 믿는 태도가 중요하다고 했다. 리더가 이러한 마인드셋을 조직 내에서 지속적인 자극과 함께 장려하면, 직원들은 새로운 도전을 두려워하지 않고 자신의 역량을 최대한 발휘할 수 있게 된다.[41]

역량 개발(Competency Development) : 인재 관리의 핵심 요소 중 하나는 직원들이 필요한 역량을 개발할 수 있도록 체계적인 교육과 훈련 프로그램을 제공하는 것이다. 직원들의 개발된 역량은 개인적 성장뿐만 아니라 조직의 목표 달성에도 기여할 수 있다. 특히 성장 수준에 맞춰 체계적인 역량개발은 조직의 성장과 함께 구성원의 성장에 매우 중요한 요소다.

리더의 지원과 격려의 중요성

직원 몰입(Employee Engagement) : 직원 몰입은 직원이 자신의 업무에 대해 얼마나 헌신하고 열정을 가졌는지를 나타내며, 이는 조직의 생산성과 직결된다. 리더는 직원들이 업무에 몰입할 수 있도록 환경을 조성하고, 그들의 노력을 인정하고 보상하는 역할을 해야 한다. 과거처럼 리더가 회사의 정책이 그러니 이해하라는 말은 차세대 인재를 설득할 수 없다.

자율적 동기(Autonomous Motivation) : 데시(Deci)와 라이언(Ryan)

의 자기 결정 이론에서는 개인의 자율성, 유능감, 관계성 욕구가 충족될 때 자율적 동기가 강화된다고 했다. 리더가 직원들에게 자율성을 부여하고, 그들이 스스로 동기를 부여할 수 있도록 지원할 때, 직원들은 더욱 적극적이며 창의적으로 행동할 수 있다. 사실 MZ세대에게 자율적 동기부여는 스스로 자가 발전되는데, 상사나 관리자가 이를 막는 허들만 되지 않아도 그 효과는 나타난다.[42]

정서적 지능(Emotional Intelligence) : 리더가 직원들의 진정성을 이해하고, 그들의 감정을 잘 파악하고 소통할 수 있는 능력은 정서적 지능과 밀접한 관련이 있다. 골먼(Goleman)에 따르면, 정서적 지능은 리더십의 필수 요소이며, 이는 직원들과의 긍정적인 관계 형성에 중요한 역할을 수행한다고 했다.[43]

긍정적 조직 행동(Positive Organizational Behavior) : 직원의 진정성과 노력을 인정하고 격려하는 리더십은 긍정적 조직 행동(POB)을 촉진한다. 긍정적 조직 행동은 개인의 심리적 자산(자신감, 낙관성, 회복력, 자존감)을 개발하여 더 높은 성과를 달성하게 한다. 리더가 직원의 진정성을 인정하면, 직원들은 조직에 대한 신뢰와 소속감을 더 크게 느끼고, 더 나은 성과를 내기 위해 노력함은 당연한 이치다.[44]

능력 있는 인재들이 회사를 떠나지 않도록 하기 위한 리더십 요소

성장 기회, 승진 기회, 리더십 개발

인재들이 회사 내에서 성장할 수 있다는 확신을 가지도록, 명확한 경력 개발 경로와 교육 프로그램을 제공한다. 직무와 관련된 교육, 리더십 개발 프로그램, 직무 로테이션 등 다양한 기회를 제공하여 인재들이 지속해서 발전할 수 있도록 지원하는 것은 너무나 당연하다.[45] 이는 능력 있는 인재들이 리더로 성장할 수 있는 기회를 제공하는 것이다. 리더십 개발 프로그램을 통해 그들의 잠재력을 발휘할 수 있게 하고, 성과와 역량에 따라 공정한 승진 기회를 제공하여, 그들이 회사 내에서 지속가능한 성장을 할 수 있는 환경을 만들어야 안정성을 가진다.[46]

공정한 평가와 보상

능력 있는 인재들이 자신의 성과와 능력을 인정받는 공정하고 투명한 평가와 보상 시스템을 운영해야 한다. 실제로 공정하다고 하지만 직원들이 불공정하다고 느끼는 평가가 이루어진다면 이는 성과와 평가의 연결이 잘못된 것이다. 조직 내에서 가치를 인정받고 있다고 느낄 수 있을 때 직원들은 직무에 몰입한다. 공정한 평가와 보상이 이루어질 때 직원의 이직률이 감소한다.[47]

의미 있는 업무와 자율성 제공

인재들이 업무를 통해 자신의 가치와 의미를 찾을 수 있는 환경을 조성해야 한다. 리더는 그들이 의미를 느낄 수 있는 중요한 프로젝트를 부여하고, 자율성을 제공하여 스스로 책임을 갖고 일할 수 있도록 지원해야 한다. 다니엘 핑크(Daniel Pink)는 보상보다 의미 있는 업무, 자율성, 성장 가능성 등에서 일반적으로 더 큰 동기를 느낀다고 했다.[48]

명확한 목표와 피드백 제공

MZ세대는 다양한 작업을 동시에 수행할 수 있지만, 때로는 과도한 자율성으로 조직의 방향성을 이탈할 수도 있다. 따라서 리더의 명확한 목표 설정[49]과 즉각적인 피드백[50]이 중요하다. 리더는 이들에게 명확한 목표를 제시하고, 정기적인 피드백을 제공하여 올바른 방향으로 업무를 수행할 수 있도록 도와야 한다. MZ세대는 리더로부터의 피드백을 매우 중요하게 여기며, 정기적이고 진정성 있는 피드백을 통해 높은 성과를 가져오게 된다. 리더는 단순한 지시자가 아니라 코치의 역할을 수행해야 하고, 이들이 가진 잠재력을 발휘할 수 있도록 동기부여는 물론 개인의 성장과 성과를 동시에 지원해야 한다.

그들에게만 있는 기적적인 열정

더 이상의 자원 투입은 없었다. 일정도 빠듯했다. 다가오는 행사는 회사 역사상 아니 내가 이 조직에 근무하는 동안에 가장 중요한 행사가 될지도 모른다는 압박감이 있었다.

"그래서 말인데, 그 뮤지컬 같은 어려운 건 하지 않았으면 해. 그냥 합창으로 세 곡 정도 하고 마무리하면 어때? 완성도가 떨어지면 안 하느니만 못하잖아."

창립 70주년 행사를 앞두고 신입사원들이 2주 동안 뮤지컬을 연습해 무대에 올리겠다는 계획을 세웠고, 처음에는 모두 동의했다. 그런데 막상 날이 다가오면서 돌다리 두들기는 몹쓸 불안감이 발동했고, 대표이사 등이 포함된 경영 전략회의에서 공연을 반대하고 나섰다. 그들은 연습도 부족하고 시간도 촉박한 상황에서 그런 모험을 할 필요가 없다고 판단한 것이다. 시간이야 만들면 되는 것인데…. 단지 문제는 신입사원들의 연습을 단 한 번도 보지 않은 임원들이 둘러앉아 그저 노파심에 기운을 빼고 있어 불안했다. 부장이지만 공연을 책임지는 팀장으로 참석했던 경영전략회의에서 그래도 내가 그들보다는 청년 정신이 살아 있었다. 나는 몹시 긴장된 그 회의에서 용기를 내 한마디 했다.

"우리 회사는 도전과 변화를 강조하면서 막상 뭔가 새로운 시도를 하려고 하면 걱정하고 결국 하지 말라고 합니까? 처음 기획 때처럼 끝까지 좀 지켜봐 주셨으면 합니다. 저는 신입사원들이 잘 해낼 거라 확신합니다. 이 건은 제게 일임해 주셨으면 합니다."

나는 그때 거의 반항에 가까운 말을 내뱉었다. 속된 말로 잘릴 각오를 했다.

우리 회사의 역사는 도전과 개척의 역사라고, 그 과정에서 기적과 같은 일이 수없이 일어났다고 선배들은 늘 이야기해 왔다. 그런데 정작 후배들이 열정을 가지고 새로운 도전을 하려 할 때면, 가장 먼저 이를 막는 이들이 바로 그 앞선 선배들이었다. 왜 그럴까? 오래된 임원일수록, 높은 경영진일수록 도전을 두려워하는 것처럼 보였다. 아마도 그들의 머릿속에는 과거 실패의 아픈 기억이 먼저 떠오르는 것인가?

'휴브리스(Hubris, 과거의 성공을 자신의 능력과 방법으로 과신해 오류에 빠지게 되는 현상)'라는 단어가 떠올랐다. 역사가 창조적 소수에 의해 바뀌지만, 일단 역사를 바꾼 그 소수는 자신의 능력과 방법을 지나치게 신뢰하여 과거의 성공을 우상화하는 것이다. 그 결과, 자신이 한때 성공을 이뤘던 방법을 절대적으로 믿다가 결국 실패하는 경우가 많다는 것이다. 그런데 이건 휴브리스라고 하기에는 반대의 현상이었다. 기우나 우려에 반대하니 말이다.

성공 경험이 있든 없든, 현재의 도전 앞에서 머뭇거리는 것 자체가 패배라고 생각했다. 경험 많은 선배들의 충고를 단순히 조직의 이치로 받아들이기엔 설명되지 않는 부분이 많았다. 실패 뒤에는 항상 성공이 따라온다. 실패 없이 성공만을 경험했다면 그건 순전히 운이라는 생각에는 변함이 없었다. 그리고 이 세상에 운이 좋아 성공한 사람이 얼마나 될까? 100여 명의 신입사원과 함께 끝까지 강행 하기로 결정하고, 공연 하루 전날까지 우려하던 임원들을 안심시키는 데 최선을 다했다.

연습 기간은 2주였지만, 실제 하루를 연습에 온전히 투입할 수 있는 날은 겨우 5일 남짓이었다. 지금 생각하면 불가능한 일정이었다. 매일 새벽 1시에 연습을 마치고 그 인원을 거점별로 4인씩 묶어 택시로 퇴근시켰으니, 주 52시간제의 지금은 생각도 못 할 일이었다. 목이 쉬고, 발톱이 빠져 절룩이는 사원이 하나둘씩 나오면서 피로감도 절정에 올랐다. 그럼에도 불구하고 신입사원들은 시간이 날 때마다 바닥에 누워 쪽잠을 청하며, 코엑스 오디토리움이라는 큰 무대의 공연을 꿈꾸고 있었다. 단 한 명의 낙오도 없이 그 엄청난 도전에 맞서고 있었는데, 뿜어나오는 온기는 나도 경험하지 못한 그들만의 열정이었다.

　드디어 행사 당일, 코엑스의 대형 무대에 오른 신입사원들의 뮤지컬 공연은 기적이었다. 레미제라블, 맘마미아, 시카고의 메인 테마를 개사한 그들의 공연은 거의 완벽했고 100여 명의 신입사원이 무대에서 열정적으로 공연하는 모습을 지켜보던 전 임직원들은 자리에서 일어나 기립박수로 그들을 격려해 주었다. 공연을 마치자 내게는 축하 메시지가 쇄도했고, 무대 대기실로 퇴장한 신입사원들은 기쁨과 안도의 눈물을 흘리기도 했다.

　돌이켜보면 무모했지만 멋진 도전이었다. 어떻게 그들의 기적을 믿을 수 있었을까? 이유는 단순했다. 그들은 성공도, 실패도 경험하지 않은 신입사원들이었기 때문에 뭐든 할 것 같은 기운이 있었음이다. 그들에게는 실패에 대한 두려움이 조금도 없었다. 그저 열정 하나로 모든 것을 밀어붙일 수 있었다. 그리고 그 열정이 결국 기적을 만들었다.

　비상식적 환경에서도, 그리고 말도 안 되는 일정 속에서도 MZ세대의 열정은 포기를 모르게 했고, 끝내 불가능을 가능으로 만들었다. 공연이 끝난 무대 뒤에서 하나둘 웅크리고 눈물짓는 그들이 나는 회사의 미래라고 믿었다. 그들이 가진 그 열정과 도전 정신은 결국 우리 모두를 변화시킬 것이고, 새로운 역사를 만들 것이라 믿었다.

멀티태스킹

지나다니며 가끔 팀원들의 모니터 화면을 보게 된다. 보안 필름이 씌워져 잘 보이지는 않지만, 나의 시선과 모니터의 방향이 직각으로 일치하는 찰나의 순간 화면이 선명하게 드러난다. 사실 관리자라면 가끔 본능적으로 보게 되니 정말 꼰대스럽다. 그런데 화면에 참 다양한 모습이 포착된다. 한쪽 구석에 카톡 화면이 그리고 하단에는 쇼핑 창이 그리고 심지어 페이스북이 작업표시줄에 보이기도 한다. 속에서 버럭 하는 거친 숨소리가 폭발한다. 한마디 할까 하지만 이내 참고 발길을 옮긴다. 다시 일어나서 자리를 옮기는데 아까 그 팀원이 이번에는 반쯤 누운 상태로 휴대폰 화면을 연신 두들긴다. 꼰대의 인내는 거기가 한계다.

"정 주임 지금 뭐하냐?"
"네, 일합니다."
"자네가 말했던 멀티태스킹 중인가?"
반쯤 누웠던 몸을 일으키며 붉어진 정 주임의 얼굴에 팀원들의 키득거리는 표정이 오버랩 되었다.

"정 주임 휴대폰으로 뭐 하는데? 도대체 무슨 일하는데?" 짜증이 잔뜩 묻어난다.

"네, 업무 관련 정보 찾고 있는데요."

"사무실에서 반쯤 누워서 말이지. 그리고 왜 가끔씩 피식거리고 웃는데?"

이쯤 되면 사무실은 박장대소다. 그 웃음 속에는 다들 경험했던 일의 공통점을 느끼고 있음이 분명하다. 그들의 웃음 속에 자신은 안 들켜서 다행이라는 안도의 씁쓸함도 감춰져 있다. '나만 아니면 돼.' 하는 예능 프로그램의 '복불복'이 생각난다.

멀티태스킹! 중요한 능력이다. 지금처럼 시시각각 변화하는 상황에서 주어진 일뿐만 아니라 여러 업무와 사건에 대응하는 능력은 중요하고 하나만 잘해서는 성과를 내기 어렵다. 세상이 급변하고, 복잡하고, 모호해지면서 멀티태스킹은 중요한 역량이 되었다. 언제부턴가 그 기능이 원활해야 조직에서 인정받았다. 그런데 상사 입장에서 이들이 일을 하는 것인지 상사 모르게 자신의 즐거움을 만끽하는 수단이 되어 요령을 부리고 있는지 알 수 없다는 것이 단점이었다. 무작정 일만 하자는 것도 아니다. 다만 우리가 생산성과 효율성을 이야기하면서 근로 시간을 단축했다면 적어도 그 시간만큼은 최선을 다해 목적에 부합하는 일을 해야 프로란 생각이 지배할 때였기에 더욱 그러했다.

상사가 찾기 전에 필요한 자료와 예측된 분석지를 먼저 준비했던 멋진 녀석들이 있었다. 나는 그들이 그리운 것은 일을 대하는 태도와 행동 속에 프로의 냄새가 물씬 풍겼기 때문이고, 난 아직도 그런 후배들이 좋다. 그런데 요즘 내가 그리워하는 프로의 모습을 뛰어넘는 놈들이 나타났다. 컴퓨터나 스마트폰 하나로 엄청난 업무를 해결한다. 디지털 유목민인 그들은 정보를 찾아 끊임없이 돌아다니고 어느 순간 나에게 딱 맞는 정보를 일목요연하게 정리해서 척 내놓는다. 입이 쩍 벌어져 칭찬도 어찌해야 할 지 모를 때가 있다. 내가 그 정도 나이에 그 일을 했다면 하루 반나절은 족히 걸릴 일이 이 시대의 괴물 같은 디지털 유목민들은 한두 시간 안에 거의 완벽한 장표에 그래프까지 그려서 내게 준다.

"야, 이거 언제 다 한 거야? 굿!"

내 질문에 대답도 시크하다. "지금 했잖아요." 하면서 다시 자리로 돌아간 그는 또 의자에 반쯤 드러눕는다. 내가 일을 잘못 시켰나? 많은 생각이 머릿속을 오가지만 그들에게 디지털 모바일과 이를 움직이는 각종 디바이스의 화려한 운용 기술은 과거 유목민의 말을 다루는 기술과 같아 보였다. 그저 두 다리 온전하니 하루 열심히 걸으면 되었던 내 생각과 다르게 그들은 말을 타고 반나절도 안 지나서 목적지에 도착하는 것이다. 상황이 이러니 조금 복잡한 일이라도 있으면 슬기로운 위임을 했고, 나도 모르게 젊은 팀원에게 의존하게 되었다.

멋진 90년대생, 무서운 2000년대생, 누가 그들은 MZ라고 가르며 비판의 칼을 대는가? 보기에 나와 다르다고 그들이 업무역량이 미흡하다는 건가? 절대 그렇지 않았다. 그들의 잠재력은 시간을 아껴 삶을 더 즐길 수 있는 자유를 확보하고, 다양한 정보의 이용을 통해 경제적 독립까지 이루어가고 있었다.

나는 편집이 어색한 문서를 첨부하며, " 정 주임, 마사지 부탁해."라고 쓴 메일을 보냈다.

그 친구 사장까지 하겠네~

사람을 쓰는 일은 정말 어렵다. 과거에는 기수 문화가 있어서 '나 공채 ○○기야'라고 하면서 선후배 관계가 명확히 구분되었고 한 번에 수백 명이 입사하니 그때는 자연스럽게 무리에 편승하는 것도 가능했다. 그러나 이제는 수시 채용이 주를 이루고, 경력과 레퍼런스 체크가 중요한 인사관리의 요소로 자리 잡았다. 결국 지원자 관점에서 기업에 입사하는 것 자체가 쉬운 일이 아니게 되었다. 반면 회사는 까다로운 입사 절차 때문인지 빛나는 보석 같은 잠재력을 소유한 인재 발견이 어렵지 않은 일이 되었다.

MZ세대에게 좋은 회사란 어떤 회사인가요 하고 물었던 설문이 기억났다. 인센티브, 월급, 복지, 이런 것들이 좋은 회사를 판단하는 데 있어 상위에 랭크되었던 것 같다. 한 주 최대 근로 시간의 제약이 있은 후로 각 기업에서 일의 강도나 노동의 양은 거의 동일해졌다. 그 결과, 직원들은 급여와 복지, 성과급을 기준으로 회사를 평가하는 경향이 강해졌다는 생각이다. 어느 회사가 더 나은 조건을 제공하느냐가 그들에게는 중요한 잣대가 되었다는 말이다. 그래서 요즘엔 입사자 면접이 아니라 회사가 입사자의 면접에 응한다는 말이 나오기도 한다.

오후 6시가 되면 퇴근을 알리는 음악이 흘러나오고, 그 순간 하던 일을 멈추고 너나없이 퇴근길에 나서는 직원들의 뒷모습을 본 지도 꽤 오래다. 그들은 마치 육상선수가 결승선을 향해 뛰어가는 것처럼 빠르게 사무실을 빠져나간다. 처음 그 모습은 내게 신선한 충격이었다. 내가 해보지 못한 일이기에 더욱 멋져 보였고, 그들이 언제까지 그 모습 그대로 일을 유지할지는 모르겠지만, 퇴근을 향한 갑작스러운 에너지 폭발은 감탄스러웠다.

직장에서 직원들이 해야 할 일은 단순히 시간을 때우는 것이 아니란 생각. 그 생각은 여전히 진행형이다. 일터에는 언제나 문제들이 있다. 그 문제들은 업무의 일상에서 발견된다. 불합리한 절차, 시간의 낭비, 우선순위의 혼란, 동일 사안의 반복 등 문제를 찾아내는 것은 어렵지 않다. 그러나 그런 문제들을 해결하라고 했을 때, 가끔은 소극적이거나 방어적인 반응을 보이는 젊은 세대의 특성도 없지 않아 보였다. 그들은 문제를 인식하고 발견하는 데에는 탁월하지만, 이를 해결하는 과정에서는 종종 방관자가 되려는 경향을 보였다. 경험의 부족으로 보기에는 우리의 젊은 시절과 비교해도 조금은 해결 의지가 부족해 보였다.

그런데 3년 전 경력 입사한 한 직원의 모습을 보고 나서 나는 생각이 달라졌다. 내가 속한 회사는 전통적인 제조업체로 급여는 중간 수준이고, 복지도 중간, 성과급은 기대할 수 없을 정도로 인색했다. 그런데도 나를 기분 좋게 함과 동시에 약간은 귀찮게 만드는 직원이 하나 있었다. 이 친구는 밤 12시, 새벽 2시에도 아이디어가 떠오르면 주저 없이 나에게 문자를 보냈다. 상사가 직원에게 업무와 관련된 문자를 밤 12시에 보내면 직장 내 괴롭힘으로 문제가 된다는데, 직원이 상사에게 보내는 것은 괜찮은가 보다. 처음에는 그가 자신이 얼마나 열심히 일하는지 과시하는 것으로 생각했다. 그러나 6개월이 지나고, 1년이 지나도 그는 변하지 않았다.

얼마 후, 연봉 협상 시즌이 찾아왔고 나는 그에게 "많이 안 올라서 좀 섭섭하지?"하고 물었다. 사실 그의 열정이 가식적이란 생각을 했고, 그 때문에 초기 평가를 높게 주지 못해 연봉이 많이 오르지 않았다. 다소 미안한 마음이 없지 않았는데 이 직원은 오히려 나를 위로했다.

"이사님, 저는 그런 거 크게 신경 쓰지 않으니 저 때문에 고민하지 마세요."

그 순간 내 속을 들킨 듯한 기분이 들었다. 이쯤 되면 다음 해 연봉 조정 때, 그를 더 신경 쓰지 않을 수 없게 될 것은 자명했다. 시간이 흘러 그 친구는 과장이 되었고 어느 날 밤 오랜만에 문자가 왔다. 그즈음 잘 연락을 하지 않아서 열정이 식었나 싶었는데….

"이사님, 이번 프로젝트가 너무 어려워요…. 하지만 꼭 해내고 싶습니다."

어두운 방에서 문자를 확인하는 스마트폰의 화면이 더욱 밝게 느껴지는 순간이었다. 내 가슴이 뭉클해졌다. 그 친구의 진지한 태도와 열정이 나에게 전해졌다. 그의 말 속에는 책임감과 도전 정신이 가득 차 있었고 좀처럼 찾기 어려운 진정한 프로다운 면모를 발견할 수 있어 내심 흐뭇했다.

그는 분명 사장까지 할 것 같다. 그의 태도, 열정, 그리고 도전적인 모습에서 나는 그의 미래가 느껴졌다. 내가 바라는 것은 그가 오래오래 회사에 남아주는 것이다. 그리고 훗날 그가 나에게 이런 문자 보내주면 정말 좋겠다.

"저 사장 됐어요."라고 말이다.

'아직 꼰대'의 리더십

"형님 저 떠납니다."
"어? 어딜 가? 인마."하고 대답했지만 이미 느낌으로 나는 그의 퇴직을 알 수 있었다.

내가 입사 4년 정도 되었을 때 그가 신입사원으로 입사했으니, 나와 어려운 시기를 같이 겪었다 해도 과언이 아니다. 특히 그는 어려운 시기 내내 영업에서 1등을 놓치지 않고 승승장구해서 누구나 임원까지는 쾌속 승진할 것이라 예상했었다. 주어진 과업뿐만 아니라 선배, 후배에게도 너무나 친절하고 너그러운 관계를 유지해 언제나 그를 따르는 후배가 많았다. 나에겐 후배지만 어쩔 땐

형 같아 가끔 "너 내 앞에서 목소리 깔지 마."하고 어깃장을 놓게 하는 어른스러운 동생이었다. 그런 그가 갑자기 회사를 떠난단다. 저간의 사정이 있겠지만 그동안 그의 행동과 태도를 되짚어보게 되는 것은 누구에게나 조직을 떠날 날이 다가온다는 것을 알기 때문이다.

그 후배는 입사부터 관리자로 성장하기까지 매우 성과가 좋았고, 회사에서도 인정받는 유능한 핵심 인재였다. 부장까지 조기 승진하였고 영업에서 경영기획실로 자리를 옮겨 그룹 핵심부서의 일도 했다. 그곳에서도 꽤 능력을 발휘했지만, 일 년 만에 관리자로서 역량을 평가받기에는 시간이 부족해 보였다. 그리고 이내 그는 시험대에 올랐다. 시장이 불안정한 분야고 진입장벽이 높아 성과가 저조한 신규사업부의 장을 맡게 되었다. 새로운 사업이었고 경험과 자원이 턱없이 부족해 해당 부서의 직원들조차도 자신감과 열정이 매우 낮았고, 언제 접을지 모른다는 이야기가 종종 들려오는 그런 사업부의 장이 된 것이다. 그는 그 사업을 한 번 일으켜보겠다는 각오로 밤낮없이 노력했고, 심지어 얼마나 열심히 했는지 살이 쭉 빠진 모습으로 나타나기도 했다. 그의 노력에도 불구하고 성과는 그에게 인색했다.

리더십 행동이론 중 관계지향형 리더와 과업지향형 리더는 늘

대비되어 설명된다. 관계지향형 리더는 인간적이고 마음씨 좋은 온정적 리더로서 과업보다는 사람 중심의 사고와 신사적인 매너로 주변에는 사람이 많고, 새로운 사고에 개방적이다. 그는 전형적인 관계지향형 리더였다. 늘 팀원들이 어렵다고 하면 '그래, 힘들 거야' 하며 불평을 다 들어주고 본인이 그 일을 해치우는 리더, 팀원의 행동이 느리고 답답하면 '힘든 거 없어?'하며 아낌없이 자신의 시간을 지원하는 리더, 중요한 의사결정에서 사업의 영역보다는 옳은 일을 추구하며 사람을 중시하는 리더였다. 그런 그의 리더십은 결국 3년이 되지 않아 사람 좋은 저성과 사업부장이라는 낙인을 찍고 말았다.

조직은 철저하게 잔인하다. 기대 성과에 미치지 못하면 책임을 묻게 된다. 조직은 혼자 일하는 곳이 아니다. 개인적으로 핵심인재이며, 매우 유능한 직원이 관리자로서 과연 역량 있는 리더인가? 라는 점에서는 반드시 일치하지는 않는다. 조직의 성과는 '1+1=2'로는 평가받지 못한다. '1+1=3, 4, 5'처럼 개개의 합보다 전체의 합의 더 커야 한다. 그러려면 관계지향형의 바탕에 과업지향의 리더로서 현명한 잔인함을 갖춰야 한다. 때로는 문제 해결을 위한 합리적 통제를, 조직의 목표를 위해 팀원의 자기희생을 요구할 수도 있어야 한다. 그래서 행동은 과업 지향적으로, 가슴은 관계지향적으로 가지라고 한다. 하지만 이런 균형을 맞추는 것이 어디

쉬운 일인가?

그렇게 착하고 마음씨 좋은 '아직 꼰대'가 떠난다고 인사를 왔을 때, 나는 그에게 '꿈'이라고 쓴 캘리그라피 부채 하나를 선물하며, 등을 두들겨 주었다. 이 시대 꼰대들의 리더십 행동 유형을 명확히 설명할 수는 없다. 누구보다 유능했던 후배가 나보다 먼저 조직을 떠나는 모습은 그리 행복한 경험이 아니었다. 시대와 환경에 정렬되지 않아 떠나는 그를 보며, 역할에 따른 리더십의 진화는 가슴으로 느껴지는 것과 상반된 인간적 고뇌를 주고 있었다.

그렇게 퇴직 후 한동안 연락이 없던 그 후배로부터 어느 날 연락이 왔다.

"형님, 라멘 드시러 오세요."
"그래, 내 꼭 가마."

그는 건대입구역 근처 일본식 라멘집의 경영자이자 주방장이 되었다. 이제는 그 일대의 맛집으로 점심이면 대기 줄이 길다. 그의 성공을 논하기 전에 나는 그가 끓인 라멘에서 그의 정성과 진정한 행복을 느꼈다. 그리고 작은 조직의 장은 이제 관계와 과업의 균형을 잡으며 멋진 경영자로 성장하고 있었다.

자기 확신과 자기 편향을 나누자
퇴화한 경청의 기술을 살려라 | 리더의 사회적 역할과 욕구
리더십 및 책임 증가 그리고 개인의 가치관 변화
성공한 리더의 행동 패턴 | 현대 조직이 요구하는 리더십

리더는 불확실한 상황에서도 조직의 방향을 제시하고, 공감과 신뢰를 통해 팀의 잠재력을 끌어낼 수 있는 혁신가이면서 헌신의 역할을 해야 한다. 리더십의 핵심은 유연한 사고와 인간 중심의 가치에 있고. 리더가 진정한 변화를 이끌 때 조직은 위기 속에서도 성장과 혁신을 이룰 수 있다.

● ● ●

　리더가 리더답지 않을 때 리더에 대한 존경심은 나락으로 떨어진다. 특히 조직에서 리더가 신뢰와 존경심을 잃을 경우, 이는 팀 성과와 조직문화에 큰 영향을 미치며, 리더십 자체를 위태롭게 할 수 있다. 이 상황은 다양한 형태로 나타나며, 리더의 자질 부족이나 조직 내 리더십 붕괴 문제로 발현되는 경우가 많다.[51]

　책임회피형 리더, 권위적 리더, 소극적 리더, 공감 부족의 리더 등 리더다움을 잃은 모습은 다양하다. 이들이 성찰하지 못하고 그들의 행동 패턴을 지속해서 유지한다면 조직 내 상하 간 신뢰는 복구가 어려울 것이고 이에 따라 이직률 증가와 성과 저하는 당연한 결과로 나타난다.[52]

　실제로 조직에 있으면서 리더다움을 잃는 리더를 목격했다. 하지만 조직은 여러 가지 제도적 장치를 통해 이를 보완한다. 피드백 및 코칭 문화, 리더십 교육, 비전과 목표의 재설정, 자기 성찰의 기회 제공 등 여러 장치를 통해 늘 새롭게 고치고 방향을 잡아간다. 조직 차원의 노력에도 불구하고 소통과 공감의 부족, 책임 전가 등으로 신뢰를 잃게 되는 경우는 온전히 자신의 변화 부족과 고집으로부터 시작되었다.

더 중요한 것은 리더가 본인의 마지막 최고 직위에서 은퇴하였을 경우 그 본인의 리더십 본질이 드러난다는 것이다. 은퇴 후에도 리더다움을 유지하는 사람이 있는가 하면 직의 권한에서 벗어난 후에도 권위와 권력을 행사하려는 사람이 있다. 적어도 그러한 힘을 가지고 있었어도 직에서 물러나면 어깨에 힘을 빼고 가슴으로 상대를 대해야 하는 것이 리더의 모습이 아닐까?[53]

결국 리더가 리더답지 않을 때 가장 아쉬운 것은 자기 성찰과 변화의 의지다. 그런 의미에서 리더십의 본질은 소통, 공감, 책임에서 시작되며, 리더가 스스로 변화하려 노력할 때 비로소 조직은 신뢰를 회복하고, 성장의 기반을 다질 수 있다. 바로 그런 리더가 팔로워의 마음을 움직이고 행동하게 한다.[54]

1
자기 확신과 자기 편향을 나누자

팔로워와 마찬가지로 리더들도 경험을 통해 얻은 성공 사례로 자신의 가치와 능력을 인정받으려는 욕구가 있다. 자신의 이야기를 강조함으로써 다른 사람들에게 리더로서의 위치를 확인받고 싶어 하는 심리적 요인일 수 있다. 이러한 현상은 리더가 자신의 성공 신화를 견고히 하면서 자신의 정체성을 강화하려는 경향으로 이어진다.

자기결정이론(Self-Determination Theory)에 따르면, 사람들은 자율성(autonomy), 유능감(competence), 그리고 관계성(relatedness)의 세 가지 심리적 욕구를 기본적으로 충족하려 한다.[55] 리더가 자신의 경험을 자주 강조하고 성공담을 반복하는 것은 유능감 욕구를 충족시키기 위한 행동일 수 있다. 특히 나이가 들거나 고위 직급에 오르면 자신의 성취를 기반으로 자부심을 느끼고 싶어지며, 다른 사람의 의견을 듣기보다는 자신의 경험을 이야기하고 리더로서의 입지를 확인받고자 하는 경향이 강하게 나타나기도 한다.

또 자아 고양 편향(Self-Enhancement Bias)이 나타나는데, 이는 자신의 긍정적인 이미지를 유지하거나 향상시키기 위해 취하는 인지적 및 행동적 경향성을 말한다. 리더는 자신의 성과와 경험을 통해 긍정적인 자아 이미지를 형성하고자 하는 욕구가 강할 수 있다. 또한 자신이 '유능하고 성공적인 사람'으로 비춰지기를 원하기 때문에, 자신의 경험을 반복적으로 강조하게 되는 것으로 설명할 수 있다.[56]

자기 확신과 자기 편향이 과한 리더십은 신세대 팔로워에게 접근하기 어려운 거부감이 될 수 있다. 결국 경력과 경험이 쌓이더라도 스스로 이러한 편향된 자기애를 조절하는 능력을 리더는 갖추어야 한다. 때론 자기 사랑을 팔로워에게 나누어도 좋다.

2
퇴화한 경청의 기술을 살려라

리더는 수많은 상황에서 자신이 최종 의사결정을 해야 하는 고독한 상황을 맞는다. 이러한 경험의 반복이 주변 사람의 의견을 소음으로 여기게 하고, 신속한 결정의 요구는 시간이 지나면서 경청의 기능을 둔화시킨다. 이러한 누적된 경험은 자만심을 갖게 하며 자신의 의견과 경험을 절대적으로 강조하게 한다. 특히 빠르게 결과를 내고 싶은 성향의 리더는 다른 사람의 이야기를 듣는 과정이 지루하게 느껴지고 오히려 자신이 주도적으로 이야기를 이끌어 나가는 것이 효율적이라고 생각한다. 따라서 빠른 결과를 선호할수록 경청은 더욱 어려운 도전이 된다.

리더의 경험적 우월감(Experience Superiority Bias)은 자신의 경험이 더 정확하고 유효하다는 강력한 신념을 갖게 한다.[57] 경험치가 많을수록, 경력이 쌓일수록 경험적 우월감은 더 강하게 나타나며, 자신의 경험이 모든 상황에 적용될 수 있다고 과신하게 된다. 이에 다양한 관점을 받아들이는 대신 자신의 의견을 강하게 주장하게 된다.[58] 이러한 예는 과거 독단적 선택을 하는 정치 지도자들은 물론 기업의 CEO나 고위직 임원에게서 많이 나타나는 현상이나 최근에는 업무의 속도가 빨라지면서 팀장들에게서도 종종 보인다.

그래서 리더가 절대적으로 버리지 말아야 할 기술이 있다면 바로 경청의 기술이다. 팔로워 시절 내 말 좀 들어줬으면 하는 바람이 리더가 되면서 깨끗이 지워진 기억이 된다면 경청이란 단어가 사라질지도 모르겠다. 리더의 리더다움이 가장 극명하게 확인되는 때는 경청하고 있을 때다.

3
리더의 사회적 역할과 욕구

사회적 역할 이론(Social Role Theory)은 사람들이 역할에 따라 기대되는 행동을 수행하게 됨을 설명한다. 조직 내에서는 각 직급에 따라 기대되는 역할이 있으며, 이는 개인의 행동과 생각에 큰 영향을 미친다.[59] 예를 들어, 신입사원일 때는 주어진 업무를 수행하며 '밥값'을 하는 것이 최우선이지만, 시간이 지나고 직급이 올라갈수록 그들에게는 단순한 성과뿐 아니라 '이름값'과 '얼굴값'까지 요구된다. 이러한 변화는 사회적 역할에 대한 기대가 변화하면서 개인의 행동이 그에 맞춰 조정되기 때문이다. 경력이 쌓일수록 조직이나 사회가 요구하는 역할이 더 커지고, 이에 따라 가치관과 행동이 변화하면서 조직은 개인의 성과에 더해 조직의 명예를 책임지고, 더 나아가서는 사회적 영향력까지 고려하게 되는 것이다.

여기에 자아 고양 및 인정 욕구(Self-Enhancement and Social Recognition)가 있어 조직 내에서 개인은 인정 욕구가 강해진다.[60] 젊은 시절에는 실력을 쌓고 인정받기 위해 열심히 일하고, 성과를 통해 자신의 가치를 증명했다면, 고위직으로 갈수록 자신의 영향력

을 확대하고, 이름을 알리고 싶어 하며, 나아가 자신의 평판을 지키려는 욕구가 생긴다.[61]

　자신의 영향력 확대와 평판을 지키려는 욕구는 조직의 변화와 관계없이 인간 본연의 특성으로 볼 수 있으나, 조직 내 조직원이나 팔로워들은 그것을 인지하는 순간 리더에 대한 존중감이 떨어진다. 대부분 팔로워는 리더가 자기희생적이고, 스스로를 지키기보다는 팔로워의 추종으로 지켜지는 자아 고양 및 인정을 가치 있게 본다.[62]

4
리더십 및 책임 증가
그리고 개인의 가치관 변화

직급이 올라가면서 자연스럽게 더 큰 책임과 리더십이 요구된다. 그 이유는 개인의 위치가 조직 전체에 더 큰 영향을 미칠 수 있기 때문이다. 높은 위치에 있는 사람일수록 조직의 대표성을 지니게 되며, 그에 따른 기대치가 따라온다. 결국 조직 내 개인의 성장과 역할 변화는 모든 세대에게 공통으로 적용되는 사항이며, 이러한 변화가 시대를 지나도 계속 반복되는 것은 인간의 심리적 특성과 조직 내 구조적 요구가 본질적으로 유사하기 때문이다.[63]

조직에서 초기에 배우고, 성장하고, 성취하는 것에 집중했다면, 시간이 지나면서 더 큰 목적과 가치에 관심을 가지게 된다. 이는 세대와 관계없이 사람들의 심리적 성장 과정에서 자연스럽게 나타나는 변화다. 과거와 현재의 세대 모두 자신의 성장이 조직의 발전과 연결되는 경험을 하면서, 자아실현을 추구하는 방향으로 변해가는 것은 자연스러운 이치다.[64]

따라서 조직 내에서 개인의 성장에 따른 행동과 가치관의 변화는 인간 본연의 심리적 특성과 직급에 따른 역할 변화의 결과이며, 변화는 곧 개인의 내적 성숙을 통한 가치관과 사회적 기대에 대한 변화된 반응으로 어느 시대든 조직 생활에서 재생산되는 반복적인 과정으로 나타난다.[65]

5
성공한 리더의 행동 패턴

　성공한 리더의 행동이 겸손과 배려가 체화된 유형과 상대적 갑질이 체화된 유형으로 나누어짐을 종종 확인한다. 이렇게 두 패턴으로 느껴지는 이유는 각각 개인의 심리적 성향과 가치관, 그리고 과거의 경험과 같은 다양한 요소가 복합적으로 작용해 행동으로 나타나기 때문이다.

　겸손과 배려가 체화된 사람은 자신의 성공을 개인의 노력뿐만 아니라 여러 사람과 환경의 도움 덕분이라고 인식하는 경향이 강하다. 따라서 사회적 자본을 적극적으로 쌓으려는 성향을 보이고 있으며, 신뢰와 존중을 바탕으로 한 네트워크 구축에 집중한다. 다른 사람을 대할 때 감사의 마음을 갖고, 관계에서 신중하게 배려하는 태도를 취하게 된다. 이러한 인식은 자신이 현재 위치에 있는 것이 사회적 관계망 덕분이며, 이에 대한 보답으로 겸손을 유지하려는 태도로 이어지곤 한다. 이들에게는 자아 성찰과 감정조절 능력이 탁월함을 발견할 수 있는데, 상황을 객관적으로 바라보고 자신을 통제하는 법을 터득하고 있기 때문이다. 자신의 성공을 사회에 환원하거나 타인에게 나누려는 책임감을 느끼기도 한다. 그들은 자신이 경험한 어려움과 과거의 도전을 통해 약자의 입장을 이해하게 되고, 사회적 역할에 충실하면서 타인과의 관계를 더욱 중시한다. 그래서 이런 유형의 리더에게는 항상 주변에 팔로워가 많고, 나이가 들어도 외롭지 않다.

반면, 갑질을 체질화한 사람은 자신의 성공을 전적으로 자신이 이뤄낸 성과로 여기기 쉽다. 그래서 자신이 과거에 이룬 성취를 내세우며 타인에게 우월감을 드러내려는 경향을 보일 수 있다. 이들은 기존의 사회적 자본을 자신의 권위를 유지하기 위한 도구로 사용하고, 이러한 관계망을 통해 자신의 지위와 권위를 강조하려 한다. 이런 사람들은 종종 자기 경력을 권위로 삼아 다른 사람들에게 영향을 미치려 하며, 자신의 위치를 이용해 자신의 요구를 관철하려는 모습을 보인다. 겸손보다 권위가 우선되며, 자신의 위치를 과시함으로써 자존감을 유지하려는 경향이 강하다. 그들은 과거의 성공과 위치에 대한 집착이 강하기 때문에 자기 행동을 성찰하고 조절하기보다는 오히려 자신의 자존심을 지키기 위해 고집스럽고 경직된 태도를 취하며, 은퇴 후에도 이전의 직위를 유지하고 있는 듯한 행동을 한다. 그러한 권위적 태도로 주변에는 주로 이익을 공유하고자 하는 거래적 관계의 팔로워만이 따르게 된다.

빅 파이브(Big Five) 성격 모델은[66] 사람의 성격을 외향성, 친화성, 개방성, 성실성, 그리고 정서적 안정성이라는 다섯 가지 요소로 구분한다. 여기서 친화성(Agreeableness)이 높을수록 다른 사람을 배려하고 협력하며, 친화력이 증가하는 관계를 맺고자 한다. 겸손과 배려가 체화된 사람들은 대체로 이런 친화성이 높아 타인과의 관계에서 적극적으로 배려하는 태도를 보일 가능성이 크다.

반면, 자신의 성과나 지위에 집착하는 경향이 강한 사람들은 대체로 친화성은 낮고 외향성은 높을 수 있다. 이들은 자신을 과시하거나 타인에게 자신의 위치를 부각하는 데 관심이 많고, 관계보다 개인의 성공을 중시하는 성향을 보일 가능성이 있다. 나르시시즘(Narcissism)과 같은 성격 특성도 이러한 행동을 설명할 수 있습니다. 나르시시스트는 자신의 성과와 지위에 강한 자부심을 느끼며, 종종 타인을 무시하거나 지배하려는 경향이 있다.[67]

6
현대 조직이 요구하는 리더십

팬데믹과 같은 외부 환경의 큰 변화는 리더십 스타일과 조직 내 관계 및 문화를 크게 변화시킨다. 특히 VUCA(Volatile, Uncertain, Complex, Ambiguous) 시대는 코로나 팬데믹을 기점으로 더욱 심화되었으며, 이로 인해 리더십의 본질과 방식에도 근본적인 변화가 요구되고 있다. 이제 리더십은 전통적인 권위나 통제 중심에서 벗어나 유연하고, 공감하며, 실용적인 형태로 변화를 요구한다.

리더십의 중요한 변화

1) 위기관리 리더십 → 회복 탄력성(Resilience) 리더십

위기 상황에서의 리더십은 즉각적이고 단기적인 문제 해결을 넘어 장기적으로 조직이 회복할 수 있도록 돕는 능력으로 확장되었다. 리더는 조직원들이 실패와 위기에서도 배움과 도전을 지속하게 만들어야 한다. 즉 업무 유연성을 극대화하여 팔로워들이 창의적으로 업무를 재정비 하도록 지원해야 한다.[68]

2) 수직적 리더십 → 수평적, 협업적 리더십

전통적인 수직적 리더십은 한계를 드러내고, 수평적 리더십과 협업 중심의 문화가 요구되고 있다. 이에 리더는 정보의 투명성을 높이고, 소통과 신뢰를 바탕으로 팀을 하나로 묶어야 한다. 특히 재택근무와 원격 협업 툴이 활성화되면서 리더는 단순한 '감시자'가 아닌 '촉진자'로 변화해야만 한다.

3) 목표 지향적 리더십 → 공감과 인간 중심 리더십

팬데믹 이후, 직원들의 정신 건강과 워라밸(Work-Life Balance)이 중요한 이슈로 떠오르면서 공감의 리더십이 강조되었다. 이를 위해 단순히 성과를 내는 것을 넘어 조직원의 심리적 안전감을 제공해야 한다. 실제로 마이크로소프트의 CEO 사티아 나델라는 "공감이야말로 혁신과 성장의 시작점"이라고 강조하며 직원들의 감정과 상황을 이해하는 리더십을 실천하고 있다.

4) 예측형 리더십 → 적응형 리더십(Adaptive Leadership)

불확실성이 커진 시대에는 정확한 예측보다 빠른 적응력이 중요한 리더의 자질이다. 리더는 변화하는 상황에 유연하게 대응하며, 새로운 기회를 포착하는 능력을 키워야 하는데, 팬데믹 초기 대한민국의 드라이브 스루를 활용한 코로나 감염 검사는 대표적 사례에 해당한다.[69]

5) 단기 성과 지향 → 지속 가능성과 비전 중심 리더십

단기적 이익이 아니라 지속 가능성과 장기 비전을 제시하는 리더십이 요구된다. ESG(Environmental, Social, Governance) 경영은 선택이 아닌 필수가 되면서 리더는 더 큰 사회적 책임과 가치를 추구해야 한다.[70] 지금 하는 일이 이 사회에 어떤 긍정적 영향을 미치는지 늘 고민하고 비전을 제시해야 하는 것이다. 환경친화적 제품 개발과 재생 에너지 사용 등을 강조하며 지속 가능한 경영을 실천하는 것은 이미 제조업 분야에서는 당연한 일이 되었다.

리더는 불확실한 상황에서도 조직의 방향을 제시하고, 공감과 신뢰를 통해 팀의 잠재력을 끌어낼 수 있는 혁신가이면서 헌신의 역할을 해야 한다. 이러한 급변하는 시대에 적응하는 리더는 실패를 두려워하지 않고 배우는 회복 탄력성, 사람 중심으로 신뢰를 쌓는 공감, 변화를 기회로 만드는 적응형 리더십이 필요하다. 결국 리더십의 핵심은 유연한 사고와 인간 중심의 가치에 있고. 리더가 진정한 변화를 이끌 때 조직은 위기 속에서도 성장과 혁신을 이룰 수 있다.

VUCA 시대 리더다움을 위한 핵심 역량[71]

핵심 역량	내용
학습 민첩성 (Learning Agility)	변화하는 환경에서 빠르게 배우고 적용할 수 있는 능력
디지털 리터러시 (Digital Literacy)	기술과 데이터를 활용해 조직의 혁신을 이끄는 역량
감성 지능(EQ)	공감, 소통, 인간 중심적 태도를 통해 조직원들과 신뢰를 구축하는 능력
의사결정의 유연성	모호한 상황에서도 직관과 논리를 결합해 현명한 판단을 내리는 능력
복합적 문제 해결력	여러 변수가 얽힌 문제를 분석하고 창의적으로 해결하는 역량

입을 닫고 지갑을 열어라

나에게 꼰대는 끊임없이 자기 말과 생각을 강요하는 상사였다. 회의를 하면 아이디어를 자유롭게 이야기하라고 하고는 채 5분도 안 되어 기다림과 끈기를 팽개친다. 다른 사람의 의견이나 생각을 듣기보다 그의 말을 받아칠 준비를 하는 꼰대. 회의 때 그들을 보면 입 다물고 듣는 것이 무척이나 곤혹스러운 인내의 과정처럼 보였다. 내가 목격한 다수의 꼰대들은 하나의 성공 경험으로 다양한 스토리를 만들고 그 각각은 보태지고 다듬어져 멋진 영웅담으로 재탄생한다. 시간의 흐름을 무시하고 혼자 떠드는 꼰대는 전설 속 주인공이 되고 그 무용담은 경험이라기보다 지루한 서사시가 되었다.

최근 후배들과 술자리를 가졌다. 오랜만의 술자리와 반가운 얼굴들이어서인지 서로 이야기꽃이 피고, 술잔 돌아가는 속도가 급행이다. 몇 순배 돌고 나니 얼큰히 취하고 2차를 외치며 우리는 호프집에 자리를 잡았다. 그런데 그때부터의 기억이 가물가물 중간이 빈다. 술을 급하게 마신 탓이겠지만 더 끔찍한 것은 엄청나게 떠들었는데 그들과의 이야기가 생각이 나지 않는다는 점이다. 내가 꼰대가 되어 있다는 증명이라도 하듯 내 기억 속에 내가 떠들고 이야기하는 모습은 선명한데 다른 사람들의 이야기는 기억이 흐리다. 듣는 기능이 마비된 말하는 로봇의 모습인 영상 속 부끄러움은 내 몫이다. 얼마나 나의 성공 경험을 잘난 척 떠들었을까? 후배들 앞이니 내 말을 막는 놈도 없었을 것이고, 나는 스스로 도취 되었을 것이다. 그리고 그들은 지루함을 참으며, 얼른 집에 가고 싶어 했음을 추측할 수 있었다.

그날 기억 속의 내 모습은 과거 내가 싫어하던 상사의 모습과 크게 다르지 않았다. 다만 차이가 있다면 입 못지않게 지갑도 열었다는 증거의 카드 전표를 확인하며 안도의 한숨을 쉬었다는 것이다. 나이가 들면 입을 닫고 지갑을 열라고 했던 옛 선배들의 이야기가 이제야 가슴에 파고드니 분명 나도 완벽한 꼰대의 모습을 갖추어 가고 있다. 아니 이미 꼰대다. 언제부턴가 남의 이야기를 잘 듣지 못하고 있다. 듣는다는 것이 힘이 들고, 듣고 있으면서 다음에 내가 할 말을 생각한다. 본능이라 치부하기에는 너무나 싸구려로 변한 아주 얇은 지식과 잘 포장된 경험으로 무장된 입이 근질거린다. 그래서 입을 닫는 것이 나에게도 너무나 어려운 도전이 되었다.

'나이 먹으면 다 그래.'라는 선배의 말은 위로가 되지 않는다. 그렇게 행동하지 않았던 선배들의 모습이 난 언제나 존경스러웠기 때문이다. 물론 그렇지 않은 선배들을 다 싫어했던 것은 아니지만 그래도 후배 이야기를 들어주고 조리 있게 조언하는 선배의 모습을 닮고 싶었다. 나는 오늘도 술자리를 갖는다. 오늘은 아마 내가 막내일 듯싶다. 나는 오늘도 꼰대의 향연을 목도 할 것이다. 그리고 그들의 모습을 반면교사(反面教師) 해야 한다. 설마 지갑은 선배들이 열겠지?

밥값, 이름값, 얼굴값

> 밥값은 그 자리에 앉혀준 임명권자가 시킨 일을 제대로 해내는 것이고, 이름값은 임명권자가 내린 임무를 수행하는 것을 넘어서서 사회의 기대치에도 부응해야 하는 것이다. 밥값은 기본 필수요, 이름값은 그 너머 알파요 명예라고 할 수 있다. '얼굴값'은 동전의 앞·뒷면처럼 이름값에 따라다녔다. 이름값이 얼굴값이고 얼굴값이 이름값이었다. 간혹 어머니께서는 훤칠하게 생긴 사람이 몹쓸 짓에 연루되면, "아이고, 반반한 얼굴값 하느라 저러는 것 같다."고 하셨다. 밥값이 때로 욕먹는 말인 것처럼, 얼굴값도 죽비가 되어 등짝을 내려치는 말이 되기도 했다.
>
> 출처 : 조선일보. 태평로 '자리값' 못하면 '죗값' 치른다.(2018. 8. 28.)

12월이면 대규모 인사발령과 조직개편이 이루어진다. 꼰대들의 마음속에 '나는 아니겠지!' 하는 마음과 '혹시?' 하는 마음이 교차된다. 그만큼 추위를 느끼게 하는 때다. 또 12월이면 올 한 해 잘 살았는지 반추하며 성찰하게 된다. 누가 뭐라고 해도 '이 정도면 뭐 꽤 잘 살았네' 할 수도 있고, 미친 듯이 후회할 수도 있다. 그렇게 '괜찮았네' 하는 사람은 적어도 밥값은 한 것이고, 마지막 이별 통보를 받을까 두려워하는 오래된 꼰대들과 미친 듯이 후회하는 자들은 밥값만 해왔을 수 있다.

조직의 평가는 명확하다. 밥값을 못하면 바로 옷을 벗어야 하고, '밥값'만 하다가 연말에 승진 명단에 이름이 오르면 내년에는 '이름값' 하라는 소리다. 이름값을 요구받다가 그 값을 못하면 또 나간다. 이름값 좀 한다고 긴장을 늦추는 순간 우리는 얼굴값을 요구받는다. 그 얼굴값은 책임이다. 하는 일에 대한 성과만이 아닌 이후에 조직에 미치는 영향 즉 평판까지 책임을 져야 한다. 그래서 얼굴값은 마지막 책임이다. 누구나 얼굴값을 할 수 있으면 얼마나 좋겠는가. 얼굴값은 예측과 가늠이 안 된다. 아무리 좋은 의도와 동기를 가지고 사업을 해도 성과가 나오지 않으면 그것은 밥값을 따지게 되고, 비록 시작은 미약했으나, 많은 이익과 조직 기여를 통해 기업이 발전하면 이내 얼굴값은 얼마나 되냐고 묻는다. 이는 그토록 지탄의 대상이 되면서도 대학생이 가장 가고 싶은 회사에 이름을 올리는 모그룹을 보면 알 수 있다. 그 그룹에서 밥값, 이름값만 하는 사람은 살아남지 못한다. 당연한 결과다. 과거에는 자신의 역할에 맞춰 밥값, 이름값만 해도 지장이 없었지만, 이 시대는

얼굴값을 하면서 밥값도, 이름값도 해야 한다. 그리고 그것이 프로
페셔널한 모습이라고 한다.

지금까지가 꼰대들의 이야기였다면, 현재의 MZ들이 먼 훗날
꼰대 되는 그날의 얼굴값은 어떤 기준으로 매기게 될까? 아니라고
하겠지만 그들도 꼰대가 될 것이고, 얼굴값 해야 먹고살 것임을 먼
저 간 꼰대들은 너무나 잘 알고 있다.

당당히 눈치보는 것들

눈치 없는 당당한 것들이 몰려왔다. 상사에게 거침없이 농담을
던지고 자기들끼리 깔깔거리는 무서운 존재들이다. '싸가지 없는
것' 하며 한탄하던 선배들의 모습이 중첩된다. 그래도 시대가 그러
니 그깟 쯤이야….

한 부서에서 오래 근무하면 관련되는 분야의 외부 인사들과 많
은 인맥을 유지하게 된다. 그런 관계 중에는 정말 평소에 만나기
힘든 분들이 있다. 그분들과 저녁이라도 하게 되면 그분의 삶과 철
학, 그리고 후배들을 대하는 모습에 큰 에너지를 받고 오게 된다.
더러 그런 분들과 술자리가 잡히면 나는 언제나 팀원들에게 같이
가자고 했다. 그리고 팀원들은 그 말에 대체로 잘 따라주었다.

내가 타 부서로 자리를 옮기고 그 훌륭한 분들 중 한 분과 꽤 깊은 관계가 이어졌고 저녁 자리가 마련되어 전 부서의 후임 팀장에게 가자고 했더니 이런저런 핑계로 자리를 피했다. 그 아래 팀원들에게 가자고 했더니 팀장이 가지 않는 곳에 가기가 껄끄러운지 역시 이런저런 핑계가 이어졌다. 이해는 되지만 씁쓸했다.

　나는 어땠지? 그리고 나와 함께 업무에 기초를 잡아가며 어려운 시절을 보냈던 후배들의 모습과는 사뭇 다르게 느껴졌다. 한 분야의 전문가가 되기 위해 기회가 오면 모든 약속을 취소하고 그 자리에 끼워달라고 떼를 썼으니, 열정이 넘쳤던 것만은 분명했다. 그러나 지금은 정말 당당하게 거절한다. 저 친구는 거절하지 않겠지? 라고 생각했던 후배들이 새로운 팀장의 눈치를 보느라 그 자리를 피한다. 내 생각에 아마 그들이 그분을 직접 대면할 기회는 앞으로 오지 않을 것 같다. TV 화면으로 그분의 강의를 듣고 그분이 쓴 책을 백 번 넘게 보는 것과 직접 만나서 거침없는 질문과 진솔한 가르침을 받는 것은 그 차이가 크다.

　지금은 다른 회사로 자리를 옮겨 멋지게 자리 잡은 후배 하나가 생각이 난다. 그는 내가 시키지 않아도 주말에 시간과 비용을 투자해 자신의 전문성 향상을 위해 외부 교육에 참석하고, 오히려 팀장인 내게 자신의 관계를 통해 많은 사람을 소개해 주었다. 그는 물론 나도 그것을 마다하지 않았고 기회라고 생각해 그 자리를 피하지 않은 것은 물론 매우 적극적으로 참석했던 것이 기억난다. 나는 지금도 누군가 소개받을 때 이익 불이익을 떠나 오늘 만나는 사람에게 최선을 다하고자 한다. 그것이 내 일에 대한 열정이라 생각했다.

2019년 암호 화폐 트론(Tron)의 CEO 저스틴 선(Justin Sun)은 워렌 버핏(Warren Buffett)과의 식사 자리 경매에서 54억 원이라는 최고가를 써내며 식사 기회를 잡았다. 사실 워렌 버핏은 암호화폐인 비트코인을 '도박 기계'라 비판하고, '쥐약'에 비유하기도 했다는 점에서 '왜 트론의 CEO인 저스틴 선이?'라는 의문을 지울 수 없었다. 버핏은 블록체인의 중요성을 인정했지만, 비트코인의 내재 가치는 부정했다. 이런 버핏을 만나기 위해 54억 원의 거금을 내면서 만나고자 한 사람이 암호 화폐 시가총액 11위인 트론(Tron)의 CEO 저스틴 선이란 점에서 놀라웠다. 모르긴 해도 그는 식사 자리를 통해 워렌 버핏의 생각을 바꾸고 싶었을 것이다. 이후에 워렌 버핏의 생각이 바뀌지 않았을까?

너무나 당당하고 싫은 것은 싫다고 하는 녀석들이 어느 순간 새로운 팀장의 눈치를 보면서 자신들에게 너무나 좋은 기회를 포기한다. 그래 그들은 인터넷과 유튜브로 만나면 되겠지. 술값도 필요하지 않고 그분의 강의를 원하는 시간에 원하는 만큼 실컷 들을 수 있다. 그러나 나는 그런 석학을 책을 통해 알게 됐고, 실제로 만날 수 있다는 것에 지금도 당대 최고의 연예인을 만나는 것과 같은 두근거림을 느낀다. 아직도 어찌어찌하여 그런 교수님, 강연자, 그룹의 CEO 등을 만날 때에는 어떤 주옥같은 이야기를 들을 수 있을까? 하는 기대감에 가슴 속 맥박의 울림을 주체하기 힘들다.

갑질 대마왕을 통한 반면교사

"그 놈, 거 누구야! 그 짜식. 뭔데 지가 안된다고 그러는 거야. 월급쟁이 주제에."

비서실장의 전화기를 통해 들려오는 소리가 내 귀에까지 쩌렁쩌렁하게 들렸다. '그 놈'과 '그 짜식'은 나였다. 전화기 목소리의 주인공은 과거 모 그룹사에서 꽤 높은 자리에 있었고, 한때 우리 그룹 사업회사의 사외이사였다. 그런 사람이 아래 것에게 한없이 매몰차게 하대하는 것으로 보면 그분의 성공까지의 과정에 많은 이들의 눈물이 있었겠다는 생각이 들었다.

그룹의 공익재단에서 일을 한 지 겨우 3년이 되어갈 때쯤이었다. 나도 나이를 먹을 만큼 먹어서 직장 귀신 소리를 듣는 꽉 찬 55세다. 그런데 재단 업무를 하며 돌아보니 나는 아주 어린 축에 들었다. 그래서인지 과거에 방귀 좀 뀌었다고 하는 사람들을 자주 보게 된다. 나이대도 60세 이상 85세까지 대단한 이력과 경력을 소유하신 분들이다. 아마도 내가 재단에서 일하지 않았다면 그들을 특별히 만나거나 관계 맺고 살지는 않았을 것이다.

최근에 나는 이 사람들이 두 부류로 나뉜다는 것을 알게 되었다. 한 부류는 겸손과 배려가 체화된 사람들이고, 다른 한 부류는 과거 경력을 등에 업고 또는 내가 모시는 상관과의 관계를 배경 삼아 갑질이 체질로 굳어진 사람들이다. 당연히 내 가장 큰 스트레스는 요즘 후자들 때문이다. 일이 어렵지는 않다. 관계를 유지하며, 그들을 예우하는 것도 그리 어렵지 않다. 그러나 가끔은 자기 집 하인 부리듯이 하대하는 것이 몸에 밴 상꼰대들을 보며 상처받는다.

전자야 말하지 않아도 최고의 인격자이고 존경스러움 그 자체다. 사회적 경륜이나 지위로나 충분히 큰 소리 낼만도 한데 약자인 나를 힘들지 않도록 어찌나 배려해 주시는지 몸 둘 바를 모를 지경이다. 그분들은 특별히 자신을 크게 부각하지 않아도 늘 후광이 드리워져 있음을 느낀다. 그러나 후자들은 대체로 재단에 후원을 요청하면서도 매우 거들먹거리고 자신의 과거 경력을 드러내기 위해 여러 가지 사인을 준다. 대체로 "내가 말야. 예전에~"로 시작되는 그 사인에는 허풍과 과시만이 넘칠 뿐 타자에 대한 배려 따위는 없다. 과거에 '내가 이런 사람이었으니 넌 알아서 기어'라는 뜻이다.

공익재단은 법적 제한이 많고, 그러한 법령을 자칫 어기게 되면 매우 강한 페널티를 요구받는다. 해서 후원을 하더라도 하나하나 따져서 법에 저촉되지 않도록 해야 하며, 그것이 재단의 목적사업과 맞지 않을 때는 어떻게든 방향을 바꾸어서라도 목적사업이라는 법적 테두리 안으로 들어오도록 해야 한다. 그런데 이러한 행정적 노력을 그들은 자신의 권위에 도전이라 생각하고 압박을 가해온다. 나는 속으로 "참 대단하십니다."하며 그들을 어르고 달랜다. 왜? 나는 월급쟁이고 일을 마무리할 때까지의 책임과 의무가 있기때문이다. 그래서 머리로는 수행하면서 그 일이 가슴으로 받아들여지지 않을 때 아프고 힘들다. 아무리 대단한 경력자라도 나는 그들이 존경받는 어른이기보다는 고집 세고 갑질이 체화된 늙은이로만 보이기 때문이다.

나이가 들면 고집이 세진다고 한다. 마음에 여유를 가지고 허허웃으며 약자를 배려하는 성공한 노인들을 보면 진정 존경심이 절로 생긴다. 내가 과연 고집 센 늙은이가 될 것인가 아니면 약자를 배려하며 마음의 여유를 가진 너그러운 노인이 될 것인가는 내가 선택하고 결정하기에 따라 결과가 다르게 나타날 것 같다. 의식적으로 생각하고 행동해서 화가 나도 여유 있는 응대로 그리고 유머와 해학이 늘 넘쳐서 친구처럼 쉽게 접근하게 하는 노인이 되어야 함을 절절하게 깨닫는다.

팬데믹이 꼰대를 사라지게 했다

얼마나 라떼(나 땐 말야!)를 외쳤으면 마스크로 주둥이를 틀어막고 살라 했다.
원치 않는 코칭(잔소리)을 위해 얼마나 다가갔으면 거리를 두고 살라 했다.
함께 있는 것이 얼마나 아슬아슬했으면 집에서 일하고 회사에는 나오지 말라 했다.

코로나가 세대 간 갈등을 한 방에 해결한 것 같다. 회사는 종일 아주 차분하고 진정된 느낌이다. 가끔씩 오가던 고성이 들리지 않은 지 오래고, 직원들도 늘 조용하다. 독방을 쓰는 임원 한 분이 외로워 죽겠다고 하소연이다. 하루 종일 있어도 개미 한 마리 드나들지 않는다며 푸념이다. 점심시간이면 대부분 상사의 약속 여부를 파악하고, 약속이 없으면 함께하던 식사가 이제 독방 꼰대에게 '혼밥'을 권장한다. 식사 중 잔소리도 금지란 말이다.

불과 몇 년 전만 해도 세대 간 갈등이 이슈화되면서 사회문제처럼 다루어졌다. 그런데 2021년 기업 내 꼰대의 존재감은 없고 긴한숨 소리만 들릴 뿐이다. 누군가는 나 죽어 화장(火葬)하면 사리 나올 것 같다며 무대화(無對話), 무대면(無對面), 무접촉(無接觸)을 하소연했다. 마치 암자에서 묵언수양으로 도를 닦는 것 같다며 말이다.

앞으로의 세상은 어떻게 변할까? 식당과 카페에서 같이 온 일행들이 각각 휴대폰을 들고 화면에 집중하는 모습이 일상이어서 자연스럽기까지 하다. 그들이 일하는 기업의 문화는 어떤 모습일까? 기업의 기(企)자는 사람 인(人)과 머무를 지(止)가 합쳐진 표의문자이다. 즉 기업은 사람이 함께 머무르며 공동의 목표를 이루고자 공동의 업을 하는 곳인데 지금은 마스크로 입을 틀어막고 같이 만나지 말고 화면으로 대화한다. 한쪽은 이 상황을 조금은 '땡큐'하는 분위기고, 한쪽은 씁쓸하지만 견디는 분위기다. 이미 고착되고 습관화된 기업 문화는 과거 꼰대들이 '나 땐 말야!'라며 어깨에 힘주던 모습을 더욱 보기 힘들게 하고 있다. 꼰대는 그렇게 유물이 될 것인가?

"누군가 악역을 해야 할 거 아냐. 조직에 시어머니 역할 한 명은 있어야지." 하며 꼰대를 대물림하던 모습, 전통이라며 강요하던 세대 간 연결자의 역할은 단절을 고하고 있다. 그러나 나는 알고 있다. 얼추 꼰대, 새끼 꼰대가 고치를 틀고 조만간 날아오르는 그

날을 학수고대하고 있다는 것을. 꼰대는 마스크로 입을 틀어막아도, 물리적으로 거리를 두게 해도 과거부터 좀비처럼 살아나는 자생력을 가지고 있다. 그래서 소크라테스도 '요즘 것들은 버릇이 없다. 폴리스의 미래가 걱정된다.'라고 하지 않았던가.

'왜 꼰대는 없어지지 않냐?'고 누군가 물으면 축적된 경험으로 완성되어 가는 사회규범이기에 그렇다고 말해주고 싶다. 그 축적되는 경험은 늘 미완성이기에 차세대의 비판 대상이다. 그러나 비판과 비난을 일삼던 우리도 이미 꼰대가 된 것을 그들이 인지할 때쯤이면 그들도 꼰대의 길에 들어서 있음을 느낄 것이다.

그런 의미에서 "마스크 한 장이 남과 나, 공과 사의 이분법을 무너뜨리고 공생의 가치를 보여줬다."라는 故 이어령 전 문화부장관의 2021년 서울대 졸업식 축사는 의미 있다.

코로나 팬데믹의 학습효과로 누구나 쓰고 다니는 똑같은 마스크 한 장에서도 새로운 의미를 찾아낼 수 있는 시각과 생각을 얻게 되었으리라 믿습니다. 그래서 만약 누군가 여러분에게 마스크를 쓰고 다니는 이유를 물으면 "나와 남의 생명을 지키기 위해서"라고 답변할 것입니다. 간단한 대답 같지만, 우리는 지금까지 그렇게 답변하지 않았습니다. "나를 위해서 쓴다."라는 사적/이기적 답변이 아니면 "남들을 위해서 쓴다."의 공적/이타적 답변밖에는 할 줄 몰랐던 것입니다. 오늘날 같은 경쟁사회에서는 나[自]에게 득이 되는 것은 남[他]에게는 실[失]이 되고 남에게 득이 되는 것은 나에게는 해가 되는 대립 관계로 형성되어 있었던 것이지요. 그래서 이것 아니면 저것의 이분법적 배제의 논리가 지배해 왔던 까닭입니다.

하지만 신기하게도 코로나 팬데믹으로 우리는 마스크의 본질과 그 기능이 그 어느 한쪽이 아니라 양면을 모두 통합한 것이라는 사실을 발견하게 된 것입니다. "나를 위해 쓰는 마스크는 곧 남을 위해서 쓰는 마스크"라는 공생관계는 지금까지 생명의 진화를 먹고 먹히는 포식 관계에서 남을 착취하는 기생 관계로 해석해 왔던 편견에서 벗어날 수 있게 한 것입니다.

– 故 이어령 전 문화부장관의 2021년 서울대 졸업식 축사

글을 쓰고 책을 출간하겠다고 마음먹은 것은 리더와 꼰대의 차이를 발견하면서 꼰대의 비판에서 시작되었다. 리더나 꼰대나 둘 다 오랜 경험을 축적하고 있으며, 시대의 변화 속에서도 자신이 알고 있는 최선의 방법으로 팀을 이끈다는 점에서 그 행위는 크게 다르지 않아 보였다. 단지 차이는 조직에 미치는 영향, 그리고 구성원들의 반응에서 갈라졌다. 꼰대보다는 리더로 성장하고자 하고 꼰대로 불리기보다는 리더로 불리고자 하는 욕구가 있지만 꼰대는 언제나 리더의 한 걸음 뒤, 아니면 함께 붙어다니는 그림자처럼 아주 작은 차이로 나뉘었다. 그 갈림의 요소가 뭘까? 라는 질문의 답은 바로 '리더의 리더다움'이란 품격의 차이였다.

오래 전 입사했을 때와 회사를 그만두고 나올 때의 조직은 많은 차이가 있었다. 입사했을 때 나름 신세대로 어떻게 홍보실에 PC 통신이 안 되냐며, 당장 모뎀을 사달라고 졸랐고, 품의를 썼을 때, 내용을 이해하는 결재권자가 없었다. 그래서 그들을 설득해 모뎀 하나 사는 데 3개월이 걸렸다. 그러나 지금의 Z세대는 모뎀이 뭔지도 잘 모른다. 세대 간 사고방식의 차이, 디지털 환경의 변화, 그리고 구성원의 가치관 변화까지 우리는 끊임없는 변화를 맞이하고 있다.

리더들은 더 이상 권위만으로는 팀을 이끌 수 없고 서로를 이해하고 존중하는 소통과 공감의 리더십이 필수다. 구성원들의 기대가 달라졌고, 성과를 내는 방식도 달라졌다. 이러한 변화 속에서 리더와 꼰대는 팔로워의 인식 속에서 구분되고 있었다. 진정한 리더는 자신의 경험과 지혜를 바탕으로 팀원들이 스스로 성장할 수 있도록 돕는 존재라고 한다. 하지만 꼰대로 불리던 선배들과 내가 꼰대라고 지칭했던 상사들이 정말 성장과 변화를 제한하고 혁신을 저해하는 존재였다고는 생각되지 않는다. 그들도 후배의 성장과 변화 그리고 조직의 성과를 위해 일했으나 시대가 요구하는 방식, 아니 팔로워가 원하는 방식에 서툴렀고 그들의 이해를 얻지 못한 것뿐이란 생각이다.

책을 집필하는 동안 IT, 패션 마케팅, 식품 등 몇몇 기업의 강의가 있었다. 다양한 세대가 직장에서 여전히 갈등을 겪으며 일하는 모습을 강의와 워크숍을 진행하며 목격했다. 그리고 이러한 갈등이 단순한 세대 간 불화라기 보다는 시대적 변화에 따라 각 세대가 추구하게 되는 가치관, 사고방식, 그리고 경험의 차이에서 비롯된다는 것을 알게 되었다. 특히 과거와 달리 개인주의가 전체주의 사고를 잠식하면서 리더다움을 잃고 있는 리더가 많았다. 즉 리더가 되었지만, 어떤 역할을 해야 할지, 후배들에게 어떻게 말을 걸어야 할 지도 모르는 리더가 많다는 것이다. 그동안 내 일만 열심히 하다가 갑자기 리더로 발령이 났다는 것이다. 리더다움을 연마하고 체화하기 전에 리더가 되어버린 것, 그리고 그들이 리더로서 활동하기에 과거에 효과적이었던 방식들이 새로운 환경에서는 오히려 독이 될 수도 있겠다는 생각도 있었다.

나이가 들수록 경력이 쌓일수록 우리는 "내가 더 잘 알겠지"하는 생각을 품게 된다. 하지만 그 생각이 다양한 관점의 수용을 때론 방해하며, 새로운 아이디어의 유입을 종종 차단한다. 결국 리더란 언제나 배우는 자세를 잃지 않고, 자신의 경험과 지식을 유연하게 활용하여 조직과 구성원이 함께 성장할 수 있도록 돕는 존재여야 하고 영원한 학습자여야 한다는 생각이다. 리더십이란 본질적으로 권위와 권력을 행사하는 것이 아니라, 신뢰를 쌓고 서로의 잠재력을 극대화하는 과정임을 기억해야 하기 때문이다.

리더는 모두 현재와 과거를 잇는 다리이자, 미래를 향한 길을 만드는 사람들이다. '리더'는 자신의 경험을 바탕으로 팀을 이끌면서도 열린 자세로 타인의 생각을 존중하고, 변화를 받아들일 준비가 되어 있는 사람이다. 리더와 꼰대는 같은 사람 안에 공존하고 있다. 매 순간 선택의 갈림길에 서 있음을 내가 한 리더로서의 경험, 그리고 지금 현장에서 자신만의 방식으로 팔로워를 이끄는 신세대 리더에게서 그런 모습이 똑같이 보이기 때문이다. 즉 리더가 리더다움을 잃고 그저 자신의 권위와 권력에 빠져 고집하는 방식으로 일과 생각을 진행하면 꼰대가 될 수 있으며, 그 행위는 아주 사소한 것에서 시작된다.

이 책에서 수필의 형식으로 다룬 사례들은 28년의 직장 생활 동안 경험한 일들을 조금씩 글로 남겼던 것 중에 발췌해 다시 정리한 것이다. 그 속에는 매일매일 벌어지는 크고 작은 갈등의 현장들이 담겨 있고 내가 느꼈던 고리타분한 생각의 반성과 성찰이 기록되어 있다. 세대 간 갈등이 사소한 생각의 차이에서 시작되어 조직 내 협업의 걸림돌이 될 때도 있음을 글로 기록한 것이다. 리더의 리더다움을 명확히 정의하기는 애매하다. 하지만 갈등의 속에서 리더다움을 파악했고, 갈등은 해결하는 것이 아닌 공감하고 인정하는 것임을 알 수 있었다. 그 순간순간의 경험을 가능한 이론으로 정리하며, 쉽게 해석하려 했던 것은 의미 있는 작업이었다.

우리의 경험과 지식은 그 자체로 매우 소중하지만, 그것이 더욱 빛나기 위해서는 타인과의 소통 속에서 발전하고 공유되어야 한다. 각 세대는 서로에게서 배울 점이 많으며, 이를 통해 우리는 더 나은 리더십을 형성할 수 있다. 나이와 경험이 주는 지혜와 젊은 세대의 새로운 아이디어는 상호 보완적인 관계에 있음을 잊지 않고, 세대 간 협력의 중요성을 인식하며, 진정한 '리더'로 거듭나는 길을 모색하기를 바란다.

한겨울 햇볕이 비추는 내 서재에서

Ⅰ. 세 세대의 한 집 생활

1) 강명헌(2008). "글로벌 금융위기의 원인과 시사점." 한국금융연구원 금융연구, 22(4), 1-30.

2) 김난도 외(2018). 트렌드 코리아 2019. 미래의 창.

3) 박경수(2008). 세대의 명암: 한국 사회의 세대 갈등. 한국경제신문.

4) Codrington, G., & Grant-Marshall, S.(2011). Mind the gap: Understanding why the generational divide causes problems for today's leaders. Penguin Random House South Africa.

5) 최인철(2015). 세대 공감 리더십. 해냄출판사.

6) Maslow, A. H.(1943). A theory of human motivation. Psychological Review, 50(4), 370-396.

7) Lancaster, L. C., & Stillman, D.(2002). When generations collide: Who they are. Why they clash. How to solve the generational puzzle at work. Harper Business.

8) Deal, J. J., Altman, D. G., & Rogelberg, S. G.(2010). Millennials at work: What we know and what we need to do (if anything). Journal of Business and Psychology, 25(2), 191-199.

9) Edmondson, A. C.(2018). The fearless organization: Creating psychological safety in the workplace for learning, innovation, and growth. Wiley.

참고 문헌 **213**

II. 갈등 상황과 조직문화

10) Argyris, C., & Schon, D. A.(1996). Organizational Learning II: Theory, Method, and Practice.

11) Blanchard, K. H., & Hersey, P.(1982). Situational Leadership: Theory and Practice. Training & Development Journal.

12) Schein, E. H.(2010). Organizational Culture and Leadership. John Wiley & Sons.

13) Kotter, J. P.(1996). Leading Change. Harvard Business Review Press.

14) Edmondson, A. C.(1999). Psychological Safety and Learning Behavior in Work Teams. Administrative Science Quarterly.

III. 리더의 그림자 꼰대

15) Hofstede, G.(1991). Cultures and Organizations: Software of the Mind. McGraw-Hill.

16) Argyris, C.(1991). Teaching Smart People How to Learn. Harvard Business Review, 69(3), 99-109.

17) Goleman, D.(1998). Working with Emotional Intelligence. Bantam Books.

18) Schein, E. H.(2010). Organizational Culture and Leadership(4th ed.). Jossey-Bass.

19) 박영선(2018). 꼰대의 탄생: 한국 사회의 세대 갈등과 권위주의: 꼰대의 개념과 그 어원에 대한 탐구. 한길사.

20) 이진우(2020). 세대 차이와 한국의 사회문화적 변화. 한국학술정보.

21) Cumings, B.(1997). Korea's Place in the Sun: A Modern History.

W.W. Norton & Company.

22) 김종엽(2012). 1987년 체제와 세대 갈등: 민주화 이후의 한국 사회. 경제와 사회, 96(겨울), 34-57.

23) 김영선(2002). 인터넷 문화와 세대 갈등: 한국 디지털 시대의 정보 격차. 사회와 미디어 연구, 15(2), 45-67.

24) 신형욱(2020). SNS와 대중언어의 문화적 코드. 커뮤니케이션북스.

25) Yukl, G.(2013). Leadership in Organizations (8th ed.). Pearson.

26) Katzenbach, J. R., & Smith, D. K.(1993). The Wisdom of Teams: Creating the High-Performance Organization. Harvard Business Review Press.

27) Hofstede, G.(2001). Culture's Consequences: Comparing Values, Behaviors, Institutions, and Organizations Across Nations (2nd ed.). SAGE Publications.

28) 김영기(2020). 『리더십의 소통』. 북하우스.

29) Goleman, D.(2013). Emotional Intelligence: Why It Can Matter More Than IQ. Bantam Books.

Ⅳ. 리더의 진화

30) Bandura, A.(1977). Social Learning Theory. Englewood Cliffs, NJ: Prentice Hall.

31) Marsick, V. J., & Watkins, K. E.(2001). Informal and incidental learning. New Directions for Adult and Continuing Education, 2001(89), 25-34.

32) Garvey, B., Stokes, P., & Megginson, D.(2018). Coaching and Mentoring: Theory and Practice. Sage.

33) Strauss, W., & Howe, N.(1991). Generations: The History of America's Future, 1584 to 2069. William Morrow & Company.

34) Edmondson, A.(1999). Psychological Safety and Learning Behavior in Work Teams. Administrative Science Quarterly, 44(2), 350–383.

35) Deci, E. L., & Ryan, R. M.(1985). Intrinsic motivation and self-determination in human behavior. Springer Science & Business Media.

36) Bennett, N., & Lemoine, G. J.(2014). What VUCA really means for you. Harvard Business Review, 92(1/2), 27–27.

37) 윤정구(2022). 초뷰카 시대 지속가능성의 실험실. 21세기 북스, 62.

38) 이창준(2009). 리더십 패스파인더. 학이시습, 79-80.

Ⅴ. 나 때보다 참 잘하네!

39) Flynn, Z.(2022). Quiet quitting. TikTok. Retrieved from https://www.tiktok.com

40) Blanchard, K., & Bowles, S.(2001). Whale done!: The power of positive relationships. New York, NY: Free Press.

41) Dweck, C. S.(2006). Mindset: The New Psychology of Success. Random House.

42) Deci, E. L., & Ryan, R. M.(2000). The "what" and "why" of goal pursuits: Human needs and the self-determination of behavior. Psychological Inquiry, 11(4), 227–268.

43) Goleman, D.(2000). Leadership that gets results. Harvard Business Review, 78(2), 78-90.

44) Luthans, F.(2002). Positive organizational behavior: Developing and managing psychological strengths. Academy of Management Ex-

ecutive, 16(1), 57–72.

45) Goleman, D., Boyatzis, R., & McKee, A.(2013). Primal leadership: Unleashing the power of emotional intelligence. Harvard Business Review Press.

46) Yukl, G.(2013). Leadership in organizations (8th ed.). Pearson.

47) Colquitt, J. A., Conlon, D. E., Wesson, M. J., Porter, C. O., & Ng, K. Y.(2001). Justice at the millennium: A meta-analytic review of 25 years of organizational justice research. Journal of Applied Psychology, 86(3), 425–445.

48) Pink, D. H.(2009). Drive: The surprising truth about what motivates us. Riverhead Books.

49) Locke, E. A., & Latham, G. P.(2002). Building a practically useful theory of goal setting and task motivation: A 35-year odyssey. American Psychologist, 57(9), 705–717.

50) Hattie, J., & Timperley, H.(2007). The power of feedback. Review of Educational Research, 77(1), 81–112.

VI. 리더의 리더다움

51) Covey, S. M. R.(2006). The speed of trust: The one thing that changes everything. Free Press.

52) Goleman, D., Boyatzis, R., & McKee, A.(2002). Primal leadership: Realizing the power of emotional intelligence. Harvard Business School Press.

53) Maxwell, J. C.(1998). The 21 irrefutable laws of leadership: Follow them and people will follow you. Thomas Nelson.

54) Drucker, P. F.(1967). The effective executive: The definitive guide to getting the right things done. Harper & Row.

55) Deci, E. L., & Ryan, R. M.(2000). The "what" and "why" of goal pursuits: Human needs and the self-determination of behavior. Psychological Inquiry, 11(4), 227–268.

56) Sedikides, C., & Gregg, A. P.(2008). Self-enhancement: Food for thought. Perspectives on Psychological Science, 3(2), 102–116.

57) Kahneman, D., Lovallo, D., & Sibony, O.(2011). Before you make that big decision. Harvard Business Review, 89(6), 50–60.

58) Heifetz, R., & Linsky, M.(2002). Leadership on the line: Staying alive through the dangers of leading. Harvard Business Review Press.

59) Eagly, A. H., & Wood, W.(2016). Social role theory of sex differences and similarities: A current appraisal. In N. L. Johnsdon, R. J. Sternberg, & S. J. Sternberg (Eds.), Advances in experimental social psychology (Vol. 46, pp. 1–52). Academic Press.

60) Baumeister, R. F., & Leary, M. R.(1995). The need to belong: Desire for interpersonal attachments as a fundamental human motivation. Psychological Bulletin, 117(3), 497–529.

61) Leary, M. R.(2007). The curse of the self: Self-awareness, egotism, and the quality of human life. Oxford University Press.

62) Yukl, G.(2012). Leadership in organizations (8th ed.). Pearson.

63) Erikson, E. H.(1963). Childhood and society (2nd ed.). Norton.

64) Kegan, R.(1994). In over our heads: The mental demands of modern life. Harvard University Press.

65) Scharmer, O.(2009). Theory U: Leading from the future as it emerges. Berrett-Koehler Publishers.

66) Costa, P. T., & McCrae, R. R.(1992). Revised NEO Personality Inventory (NEO PI-R) and NEO Five-Factor Inventory (NEO-FFI) professional manual. Psychological Assessment Resources.

67) Raskin, R., & Terry, H.(1988). A principal-components analysis of the Narcissistic Personality Inventory and further evidence of its construct validity. Journal of Personality and Social Psychology, 54(5), 890–902.

68) Coutu, D. L.(2002). How resilience works. Harvard Business Review, 80(5), 46–55.

69) Heifetz, R. A., Grashow, A., & Linsky, M.(2009). The practice of adaptive leadership: Tools and tactics for changing your organization and the world. Harvard Business Press.

70) McKinsey & Company.(2020). The State of Organizations 2020: Adaptability in Crisis. Retrieved from https://www.mckinsey.com

71) Bennett, N., & Lemoine, G. J.(2014). What a difference a word makes: Understanding threats to performance in a VUCA world. Business Horizons, 57(3), 311–317.

리더다움

초판 1쇄 발행 2025년 1월 31일

지은이 이권재
펴낸곳 글라이더
펴낸이 박정화
편집 이고운
디자인 디자인뷰
마케팅 임호

등록 2012년 3월 28일 (제2012-000066호)
주소 경기도 고양시 덕양구 화중로 130번길 32(파스텔프라자 405호)
전화 070) 4685-5799
팩스 0303) 0949-5799
전자우편 gliderbooks@hanmail.net
블로그 https://blog.naver.com/gliderbook
ISBN 979-11-7041-160-4 (03190)